MW01165870

This Book Belongs To:

....

If you enjoyed this book, please consider leaving a review.

The Rules

Your mission is to drive your race car safely to the finish line by solving all the fraction problems along the way.

For each problem, solve the fraction and choose the path that corresponds to the correct answer to move forward.

$\dfrac{1}{3} \div \dfrac{3}{5}$ $\dfrac{4}{9}$ $\dfrac{4}{9} \div \dfrac{4}{5}$ $\dfrac{11}{14}$ $\dfrac{3}{7} \div \dfrac{6}{9}$ $\dfrac{9}{14}$ $\dfrac{4}{9} \div \dfrac{5}{6}$ $\dfrac{8}{15}$

$\dfrac{5}{9}$ $\dfrac{2}{5}$ $\dfrac{2}{9}$ $\dfrac{3}{5}$ $\dfrac{3}{7}$ $\dfrac{2}{7}$ $\dfrac{6}{7}$ $\dfrac{5}{7}$ $\dfrac{1}{2}$

$\dfrac{3}{7} \div \dfrac{1}{2}$ $\dfrac{6}{7}$ $\dfrac{1}{4} \div \dfrac{1}{3}$ $\dfrac{4}{5}$ $\dfrac{5}{8} \div \dfrac{1}{4}$ $\dfrac{1}{4}$ $\dfrac{1}{7} \div \dfrac{1}{2}$ $\dfrac{5}{7}$ $\dfrac{6}{8} \div \dfrac{2}{4}$

$\dfrac{1}{2}$ $\dfrac{1}{4}$ $\dfrac{3}{4}$ $\dfrac{2}{5}$ $\dfrac{2}{9}$ $\dfrac{3}{8}$ $\dfrac{1}{2}$ $\dfrac{1}{8}$ $\dfrac{5}{8}$

$\dfrac{1}{4} \div \dfrac{5}{8}$ $\dfrac{5}{5} \div \dfrac{3}{5} \div \dfrac{1}{3}$ $\dfrac{9}{5}$ $\dfrac{4}{9} \div \dfrac{4}{7}$ $\dfrac{1}{9}$ $\dfrac{2}{6} \div \dfrac{2}{3}$ $\dfrac{3}{8}$ $\dfrac{1}{6} \div \dfrac{4}{9}$

$\dfrac{1}{5}$ $\dfrac{5}{5}$ $\dfrac{2}{2}$ $\dfrac{2}{5}$ $\dfrac{1}{9}$ $\dfrac{7}{9}$ $\dfrac{3}{4}$ $\dfrac{2}{9}$ $\dfrac{2}{1}$

$\dfrac{5}{7} \div \dfrac{1}{2}$ $\dfrac{2}{7} \div \dfrac{3}{4} \div \dfrac{2}{4}$ $\dfrac{7}{9} \div \dfrac{2}{9} \div \dfrac{2}{4}$ $\dfrac{3}{2}$ $\dfrac{1}{2} \div \dfrac{2}{6}$ $\dfrac{2}{3} \div \dfrac{2}{3} \div \dfrac{2}{6}$

$\dfrac{7}{7}$ $\dfrac{2}{2}$ $\dfrac{2}{2}$ $\dfrac{2}{9}$ $\dfrac{4}{9}$ $\dfrac{2}{3}$ $\dfrac{2}{3}$ $\dfrac{3}{10}$ $\dfrac{7}{10}$

$\dfrac{1}{2} \div \dfrac{1}{2}$ $\dfrac{1}{1} \div \dfrac{1}{2} \div \dfrac{5}{6}$ $\dfrac{5}{8} \div \dfrac{5}{8} \div \dfrac{2}{6}$ $\dfrac{1}{9}$ $\dfrac{5}{6} \div \dfrac{2}{4} \div \dfrac{2}{10}$ $\dfrac{3}{5} \div \dfrac{6}{7}$

$\dfrac{1}{1}$ $\dfrac{1}{1}$ $\dfrac{4}{5}$ $\dfrac{4}{10}$ $\dfrac{5}{9}$ $\dfrac{15}{8}$ $\dfrac{2}{3}$ $\dfrac{1}{6}$ $\dfrac{14}{9}$

$\dfrac{6}{8} \div \dfrac{1}{2}$ $\dfrac{2}{2} \div \dfrac{2}{9} \div \dfrac{7}{9}$ $\dfrac{7}{7} \div \dfrac{5}{8} \div \dfrac{2}{4}$ $\dfrac{2}{6}$ $\dfrac{2}{3} \div \dfrac{4}{5}$ $\dfrac{5}{6}$ $\dfrac{7}{9} \div \dfrac{1}{2}$

Time: **1**   Score:

$\frac{7}{9} \div \frac{4}{8}$	$\frac{5}{9}$	$\frac{3}{5} \div \frac{2}{3}$	$\frac{9}{10}$	$\frac{7}{8} \div \frac{3}{4}$	$\frac{7}{6}$	$\frac{2}{4} \div \frac{1}{3}$	$\frac{1}{2}$	$\frac{2}{5} \div \frac{2}{3}$
$\frac{14}{9}$	$\frac{8}{9}$	$\frac{3}{2}$	$\frac{1}{2}$	$\frac{3}{6}$	$\frac{4}{6}$	$\frac{3}{2}$	$\frac{3}{5}$	$\frac{4}{5}$
$\frac{1}{2} \div \frac{5}{8}$	$\frac{5}{5}$	$\frac{3}{4} \div \frac{2}{4}$	$\frac{2}{2}$	$\frac{7}{8} \div \frac{5}{9}$	$\frac{1}{5}$	$\frac{2}{5} \div \frac{3}{6}$	$\frac{3}{5}$	$\frac{3}{4} \div \frac{6}{9}$
$\frac{4}{5}$	$\frac{7}{8}$	$\frac{3}{5}$	$\frac{2}{2}$	$\frac{5}{40}$	$\frac{2}{5}$	$\frac{2}{5}$	$\frac{4}{5}$	$\frac{6}{8}$
$\frac{1}{2} \div \frac{4}{7}$	$\frac{1}{8} \div \frac{1}{5}$	$\frac{1}{7} \div \frac{4}{5}$	$\frac{2}{6} \div \frac{5}{6}$	$\frac{1}{5} \div \frac{1}{4}$	$\frac{4}{5}$	$\frac{2}{2}$	$\frac{5}{7} \div \frac{2}{7}$	
$\frac{2}{8}$	$\frac{5}{8}$	$\frac{3}{5}$	$\frac{3}{7}$	$\frac{1}{5}$	$\frac{2}{12}$	$\frac{11}{12}$	$\frac{11}{12}$	$\frac{5}{2}$
$\frac{4}{7} \div \frac{3}{7} \div \frac{6}{8}$		$\frac{3}{7}$	$\frac{4}{5} \div \frac{1}{2}$	$\frac{9}{12}$	$\frac{1}{3} \div \frac{4}{5}$	$\frac{3}{2}$	$\frac{1}{2} \div \frac{1}{3}$	
$\frac{3}{14}$	$\frac{15}{14}$	$\frac{6}{7}$	$\frac{1}{7}$	$\frac{1}{5}$	$\frac{9}{12}$	$\frac{10}{12}$	$\frac{5}{12}$	$\frac{3}{4}$
$\frac{5}{7} \div \frac{6}{9}$	$\frac{8}{14}$	$\frac{1}{2} \div \frac{2}{3}$	$\frac{2}{4}$	$\frac{3}{7} \div \frac{3}{4}$	$\frac{5}{7}$	$\frac{5}{8} \div \frac{1}{4}$	$\frac{6}{7}$	$\frac{4}{7} \div \frac{1}{3}$
$\frac{4}{14}$	$\frac{14}{5}$	$\frac{1}{5}$	$\frac{4}{7}$	$\frac{2}{7}$	$\frac{1}{3}$	$\frac{1}{2}$	$\frac{12}{7}$	$\frac{4}{7}$
$\frac{2}{7} \div \frac{1}{7}$	$\frac{4}{5}$	$\frac{2}{5} \div \frac{1}{7}$	$\frac{2}{5}$	$\frac{2}{4} \div \frac{1}{2}$	$\frac{3}{3}$	$\frac{1}{6} \div \frac{1}{2}$	$\frac{2}{3}$	$\frac{4}{5} \div \frac{1}{3}$

Time:

2

Score:

$\dfrac{2}{7} \div \dfrac{7}{8}$ | $\dfrac{16}{49}$ | $\dfrac{5}{6} \div \dfrac{2}{4}$ | $\dfrac{5}{3}$ | $\dfrac{3}{4} \div \dfrac{1}{7}$ | $\dfrac{21}{4}$ | $\dfrac{3}{4} \div \dfrac{2}{5}$ | $\dfrac{5}{8}$ | $\dfrac{5}{7} \div \dfrac{1}{2}$

$\dfrac{1}{49}$ | $\dfrac{8}{49}$ | $\dfrac{2}{3}$ | $\dfrac{2}{14}$ | $\dfrac{1}{4}$ | $\dfrac{2}{4}$ | $\dfrac{15}{8}$ | $\dfrac{2}{3}$ | $\dfrac{5}{7}$

[flag] | $\dfrac{5}{14}$ | $\dfrac{2}{7} \div \dfrac{4}{5}$ | $\dfrac{14}{14}$ | $\dfrac{1}{4} \div \dfrac{2}{3}$ | $\dfrac{3}{3}$ | $\dfrac{2}{3} \div \dfrac{2}{8}$ | $\dfrac{1}{3}$ | $\dfrac{3}{4} \div \dfrac{2}{3}$

$\dfrac{3}{4}$ | $\dfrac{1}{3}$ | $\dfrac{13}{14}$ | $\dfrac{6}{14}$ | $\dfrac{7}{8}$ | $\dfrac{2}{3}$ | $\dfrac{8}{3}$ | $\dfrac{3}{3}$ | $\dfrac{8}{8}$

$\dfrac{1}{9} \div \dfrac{2}{6}$ | $\dfrac{4}{5} \div \dfrac{1}{2}$ | $\dfrac{2}{5}$ | $\dfrac{3}{4} \div \dfrac{4}{6}$ | $\dfrac{5}{9}$ | $\dfrac{4}{6} \div \dfrac{6}{7}$ | $\dfrac{2}{9}$ | $\dfrac{5}{6} \div \dfrac{1}{2}$

$\dfrac{1}{1}$ | $\dfrac{2}{4}$ | $\dfrac{2}{3}$ | $\dfrac{4}{8}$ | $\dfrac{4}{8}$ | $\dfrac{7}{8}$ | $\dfrac{7}{9}$ | $\dfrac{3}{5}$ | $\dfrac{1}{3}$

$\dfrac{4}{6} \div \dfrac{4}{6}$ | $\dfrac{4}{3}$ | $\dfrac{4}{5} \div \dfrac{3}{5}$ | $\dfrac{1}{3}$ | $\dfrac{6}{8} \div \dfrac{1}{2}$ | $\dfrac{4}{5}$ | $\dfrac{2}{5} \div \dfrac{2}{9}$ | $\dfrac{2}{5}$ | $\dfrac{2}{6} \div \dfrac{2}{7}$

$\dfrac{1}{4}$ | $\dfrac{9}{4}$ | $\dfrac{2}{8}$ | $\dfrac{2}{5}$ | $\dfrac{1}{2}$ | $\dfrac{5}{5}$ | $\dfrac{9}{5}$ | $\dfrac{4}{5}$ | $\dfrac{6}{6}$

$\dfrac{3}{4} \div \dfrac{2}{6}$ | $\dfrac{9}{8}$ | $\dfrac{5}{8} \div \dfrac{5}{9}$ | $\dfrac{6}{8}$ | $\dfrac{1}{5} \div \dfrac{6}{7}$ | $\dfrac{2}{7}$ | $\dfrac{3}{7} \div \dfrac{3}{6}$ | $\dfrac{5}{7}$ | $\dfrac{2}{5} \div \dfrac{1}{6}$

$\dfrac{4}{4}$ | $\dfrac{2}{2}$ | $\dfrac{1}{2}$ | $\dfrac{2}{3}$ | $\dfrac{6}{8}$ | $\dfrac{6}{8}$ | $\dfrac{6}{7}$ | $\dfrac{4}{8}$ | $\dfrac{1}{5}$

$\dfrac{4}{6} \div \dfrac{1}{2}$ | $\dfrac{2}{2}$ | $\dfrac{1}{6} \div \dfrac{1}{3}$ | $\dfrac{1}{8}$ | $\dfrac{1}{9} \div \dfrac{8}{9}$ | $\dfrac{7}{8}$ | $\dfrac{1}{2} \div \dfrac{4}{7}$ | $\dfrac{5}{8}$ | $\dfrac{2}{9} \div \dfrac{2}{3}$

Time: | 3 | Score:

$$\frac{1}{2} \div \frac{1}{8} \qquad \frac{1}{1} \qquad \frac{5}{8} \div \frac{3}{5} \qquad \frac{13}{24} \qquad \frac{3}{5} \div \frac{4}{7} \qquad \frac{21}{20} \qquad \frac{1}{2} \div \frac{2}{7} \qquad \frac{3}{4} \qquad \frac{1}{2} \div \frac{2}{9}$$

$$\frac{7}{8} \qquad \frac{9}{24} \qquad \frac{32}{35} \qquad \frac{25}{24} \qquad \frac{25}{16} \qquad \frac{13}{16} \qquad \frac{1}{4} \qquad \frac{7}{4} \qquad \frac{5}{7}$$

$$\frac{7}{8} \div \frac{1}{3} \qquad \frac{29}{35} \qquad \frac{4}{5} \div \frac{7}{8} \qquad \frac{15}{35} \qquad \frac{5}{8} \div \frac{2}{5} \qquad \frac{14}{16} \qquad \frac{5}{8} \div \frac{1}{2} \qquad \frac{3}{7} \qquad \frac{1}{7} \div \frac{1}{3}$$

$$\frac{4}{5} \qquad \frac{1}{4} \qquad \frac{5}{4} \qquad \frac{3}{4} \qquad \frac{7}{16} \qquad \frac{1}{16} \qquad \frac{5}{4} \qquad \frac{6}{7} \qquad \frac{6}{7}$$

$$\frac{2}{8} \div \frac{1}{2} \qquad \frac{1}{2} \div \frac{3}{6} \div \frac{2}{5} \qquad \frac{4}{4} \qquad \frac{6}{7} \div \frac{1}{3} \qquad \frac{8}{16} \qquad \frac{3}{4} \div \frac{4}{5} \qquad \frac{9}{16} \qquad \frac{1}{6} \div \frac{1}{9}$$

$$\frac{1}{1} \qquad \frac{1}{2} \qquad \frac{19}{27} \qquad \frac{1}{2} \qquad \frac{1}{2} \qquad \frac{13}{16} \qquad \frac{4}{16} \qquad \frac{15}{16} \qquad \frac{4}{7}$$

$$\frac{3}{6} \div \frac{2}{4} \qquad \frac{2}{3} \div \frac{4}{9} \div \frac{3}{8} \qquad \frac{26}{27} \qquad \frac{1}{5} \div \frac{2}{5} \qquad \frac{24}{27} \qquad \frac{4}{9} \div \frac{3}{5} \qquad \frac{10}{7} \qquad \frac{6}{7} \div \frac{3}{5}$$

$$\frac{3}{9} \qquad \frac{10}{7} \qquad \frac{3}{7} \qquad \frac{1}{7} \qquad \frac{1}{1} \qquad \frac{1}{3} \qquad \frac{20}{27} \qquad \frac{1}{7} \qquad \frac{2}{7}$$

$$\frac{2}{6} \div \frac{3}{4} \qquad \frac{4}{9} \qquad \frac{5}{7} \div \frac{1}{2} \qquad \frac{3}{7} \qquad \frac{3}{6} \div \frac{3}{6} \qquad \frac{1}{1} \qquad \frac{4}{6} \div \frac{2}{5} \qquad \frac{2}{3} \qquad \frac{1}{2} \div \frac{3}{7}$$

$$\frac{2}{1} \qquad \frac{2}{7} \qquad \frac{5}{7} \qquad \frac{4}{7} \qquad \frac{1}{1} \qquad \frac{1}{1} \qquad \frac{3}{5} \qquad \frac{5}{3} \qquad \frac{6}{6}$$

$$\frac{2}{3} \div \frac{1}{3} \qquad \frac{1}{1} \qquad \frac{1}{2} \div \frac{6}{7} \qquad \frac{10}{12} \qquad \frac{4}{7} \div \frac{4}{7} \qquad \frac{1}{1} \qquad \frac{4}{5} \div \frac{1}{2} \qquad \frac{2}{5}$$

$$\frac{1}{4} \div \frac{8}{9} \qquad \frac{21}{32} \qquad \frac{1}{3} \div \frac{3}{9} \qquad \frac{1}{1} \qquad \frac{6}{8} \div \frac{1}{2} \qquad \frac{1}{2} \qquad \frac{5}{8} \div \frac{6}{9} \qquad \frac{10}{16} \qquad \frac{1}{4} \div \frac{3}{6}$$

$$\frac{9}{32} \qquad \frac{6}{32} \qquad \frac{4}{4} \qquad \frac{1}{2} \qquad \frac{1}{3} \qquad \frac{2}{28} \qquad \frac{19}{28} \qquad \frac{2}{2} \qquad \frac{2}{2}$$

$$\frac{2}{4} \div \frac{3}{4} \qquad \frac{2}{3} \qquad \frac{1}{4} \div \frac{1}{9} \qquad \frac{2}{4} \qquad \frac{4}{6} \div \frac{2}{5} \qquad \frac{5}{3} \qquad \frac{2}{7} \div \frac{8}{9} \qquad \frac{24}{28} \qquad \frac{1}{2} \div \frac{2}{5}$$

$$\frac{3}{3} \qquad \frac{1}{4} \qquad \frac{9}{4} \qquad \frac{3}{4} \qquad \frac{21}{5} \qquad \frac{4}{5} \qquad \frac{9}{28} \qquad \frac{18}{28} \qquad \frac{1}{4}$$

$$\frac{2}{3} \qquad \frac{4}{7} \div \frac{3}{7} \qquad \frac{4}{3} \qquad \frac{3}{5} \div \frac{1}{7} \qquad \frac{2}{5} \qquad \frac{1}{3} \div \frac{6}{8} \qquad \frac{1}{9} \qquad \frac{4}{6} \div \frac{1}{2}$$

$$\frac{16}{7} \qquad \frac{3}{4} \qquad \frac{3}{4} \qquad \frac{2}{5} \qquad \frac{1}{5} \qquad \frac{8}{12} \qquad \frac{4}{9} \qquad \frac{2}{3} \qquad \frac{3}{3}$$

$$\frac{2}{7} \div \frac{1}{8} \qquad \frac{1}{3} \qquad \frac{4}{6} \div \frac{1}{2} \qquad \frac{3}{2} \qquad \frac{3}{4} \div \frac{1}{2} \qquad \frac{10}{12} \qquad \frac{1}{6} \div \frac{2}{5} \qquad \frac{4}{12} \qquad \frac{6}{9} \div \frac{4}{5}$$

$$\frac{5}{2} \qquad \frac{4}{3} \qquad \frac{2}{4} \qquad \frac{1}{4} \qquad \frac{3}{4} \qquad \frac{4}{4} \qquad \frac{5}{12} \qquad \frac{4}{12} \qquad \frac{4}{10}$$

$$\frac{5}{6} \div \frac{1}{3} \qquad \frac{1}{2} \div \frac{5}{6} \qquad \frac{1}{8} \qquad \frac{2}{4} \qquad \frac{3}{6} \div \frac{2}{3} \qquad \frac{27}{28} \qquad \frac{1}{7} \div \frac{4}{5} \qquad \frac{5}{28} \qquad \frac{1}{2} \div \frac{5}{7}$$

$$\frac{2}{2} \qquad \frac{1}{2} \qquad \frac{2}{3} \qquad \frac{4}{4} \qquad \frac{1}{4} \qquad \frac{63}{16} \qquad \frac{18}{28} \qquad \frac{7}{10} \qquad \frac{5}{10}$$

$$\frac{3}{7} \div \frac{3}{8} \qquad \frac{7}{7} \qquad \frac{2}{8} \div \frac{1}{3} \qquad \frac{3}{4} \qquad \frac{2}{5} \div \frac{2}{5} \qquad \frac{6}{16} \qquad \frac{7}{8} \div \frac{2}{9} \qquad \frac{9}{16} \qquad \frac{2}{4} \div \frac{1}{5}$$

Time:

5

Score:

Row 1: $\dfrac{2}{3} \div \dfrac{3}{8}$ $\dfrac{16}{9}$ $\dfrac{1}{2} \div \dfrac{7}{9}$ $\dfrac{7}{14}$ $\dfrac{2}{7} \div \dfrac{4}{5}$ $\dfrac{11}{14}$ $\dfrac{3}{4} \div \dfrac{1}{3}$ $\dfrac{4}{4}$ $\dfrac{2}{5} \div \dfrac{1}{3}$

Row 2: $\dfrac{2}{9}$ $\dfrac{9}{9}$ $\dfrac{9}{14}$ $\dfrac{8}{9}$ $\dfrac{3}{14}$ $\dfrac{5}{14}$ $\dfrac{4}{4}$ $\dfrac{4}{5}$ $\dfrac{2}{5}$

Row 3: $\dfrac{1}{3} \div \dfrac{4}{7}$ $\dfrac{7}{9}$ $\dfrac{3}{9} \div \dfrac{3}{8}$ $\dfrac{9}{9}$ $\dfrac{6}{9} \div \dfrac{1}{5}$ $\dfrac{3}{4}$ $\dfrac{4}{8} \div \dfrac{4}{6}$ $\dfrac{1}{4}$ $\dfrac{6}{7} \div \dfrac{3}{8}$

Row 4: $\dfrac{4}{12}$ $\dfrac{6}{9}$ $\dfrac{3}{9}$ $\dfrac{5}{9}$ $\dfrac{10}{3}$ $\dfrac{4}{4}$ $\dfrac{2}{3}$ $\dfrac{2}{4}$ $\dfrac{1}{2}$

Row 5: $\dfrac{1}{3} \div \dfrac{1}{3}$ $\dfrac{1}{1} \div \dfrac{2}{4}$ $\dfrac{5}{8}$ $\dfrac{7}{25}$ $\dfrac{1}{5} \div \dfrac{5}{9}$ $\dfrac{14}{25}$ $\dfrac{5}{6} \div \dfrac{1}{2}$ $\dfrac{5}{3}$ $\dfrac{1}{4} \div \dfrac{1}{6}$

Row 6: $\dfrac{1}{1}$ $\dfrac{1}{1}$ $\dfrac{2}{5}$ $\dfrac{1}{25}$ $\dfrac{2}{25}$ $\dfrac{9}{25}$ $\dfrac{7}{6}$ $\dfrac{1}{5}$ $\dfrac{3}{2}$

Row 7: $\dfrac{2}{4} \div \dfrac{6}{7}$ $\dfrac{7}{12}$ $\dfrac{1}{3} \div \dfrac{4}{6}$ $\dfrac{2}{2} \div \dfrac{4}{6}$ $\dfrac{1}{3}$ $\dfrac{6}{6}$ $\dfrac{1}{2} \div \dfrac{3}{7}$ $\dfrac{1}{6}$ $\dfrac{6}{9} \div \dfrac{3}{4}$

Row 8: $\dfrac{6}{12}$ $\dfrac{2}{2}$ $\dfrac{2}{2}$ $\dfrac{2}{8}$ $\dfrac{4}{8}$ $\dfrac{2}{6}$ $\dfrac{2}{6}$ $\dfrac{4}{6}$ $\dfrac{8}{9}$

Row 9: $\dfrac{1}{7} \div \dfrac{1}{6}$ $\dfrac{6}{7}$ 🏁 $\dfrac{5}{8}$ $\dfrac{6}{8} \div \dfrac{2}{3}$ $\dfrac{15}{16}$ $\dfrac{5}{8} \div \dfrac{2}{3}$ $\dfrac{15}{8}$ $\dfrac{5}{8} \div \dfrac{1}{3}$

Row 10: $\dfrac{1}{7}$ $\dfrac{3}{14}$ $\dfrac{15}{14}$ $\dfrac{6}{8}$ $\dfrac{7}{8}$ $\dfrac{9}{8}$ $\dfrac{4}{16}$ $\dfrac{1}{4}$ $\dfrac{3}{8}$

Row 11: $\dfrac{3}{4} \div \dfrac{3}{8}$ $\dfrac{10}{14}$ $\dfrac{3}{7} \div \dfrac{2}{5}$ $\dfrac{2}{3}$ $\dfrac{1}{3} \div \dfrac{2}{4}$ $\dfrac{1}{1}$ $\dfrac{1}{3} \div \dfrac{1}{3}$ $\dfrac{1}{3}$ $\dfrac{5}{7} \div \dfrac{6}{9}$

Time:

6

Score:

$\frac{1}{3} \div \frac{1}{5}$	$\frac{1}{5}$	$\frac{3}{5} \div \frac{1}{3}$	$\frac{3}{2}$	$\frac{1}{2} \div \frac{1}{3}$	$\frac{21}{32}$	$\frac{3}{8} \div \frac{4}{7}$	$\frac{6}{32}$	$\frac{1}{2} \div \frac{2}{7}$
$\frac{8}{18}$	$\frac{5}{12}$	$\frac{9}{5}$	$\frac{4}{5}$	$\frac{4}{5}$	$\frac{14}{32}$	$\frac{3}{5}$	$\frac{8}{9}$	$\frac{1}{3}$
$\frac{5}{6} \div \frac{3}{7}$	$\frac{6}{7}$	$\frac{2}{7} \div \frac{1}{3}$	$\frac{3}{7}$	$\frac{4}{7} \div \frac{2}{4}$	$\frac{4}{5}$	$\frac{1}{5} \div \frac{2}{6}$	$\frac{8}{21}$	$\frac{1}{2} \div \frac{1}{4}$
$\frac{2}{18}$	$\frac{35}{18}$	$\frac{5}{7}$	$\frac{2}{5}$	$\frac{3}{3}$	$\frac{14}{21}$	$\frac{16}{21}$	$\frac{2}{3}$	$\frac{1}{2}$
$\frac{2}{3} \div \frac{1}{3}$	$\frac{1}{7}$	$\frac{5}{7} \div \frac{6}{7}$	$\frac{1}{6}$	$\frac{2}{3} \div \frac{2}{4}$	$\frac{9}{21}$	$\frac{4}{7} \div \frac{3}{4}$	$\frac{18}{21}$	$\frac{3}{4} \div \frac{1}{2}$
$\frac{2}{35}$	$\frac{23}{35}$	$\frac{5}{6}$	$\frac{2}{9}$	$\frac{4}{9}$	$\frac{5}{21}$	$\frac{15}{7}$	$\frac{6}{21}$	$\frac{2}{5}$
$\frac{4}{7} \div \frac{5}{8}$	$\frac{1}{2}$	$\frac{3}{4} \div \frac{1}{4}$	$\frac{1}{1}$	$\frac{3}{9} \div \frac{3}{8}$	$\frac{4}{7}$	$\frac{5}{7} \div \frac{1}{3}$	$\frac{2}{5}$	$\frac{4}{5} \div \frac{1}{2}$
$\frac{1}{2}$	$\frac{1}{8}$	$\frac{6}{8}$	$\frac{8}{9}$	$\frac{2}{9}$	$\frac{5}{9}$	$\frac{8}{35}$	$\frac{8}{5}$	$\frac{4}{3}$
$\frac{1}{2} \div \frac{3}{9}$	$\frac{6}{8}$	$\frac{1}{8} \div \frac{2}{6}$	$\frac{7}{8}$	$\frac{2}{9} \div \frac{2}{5}$	$\frac{2}{35}$	$\frac{1}{7} \div \frac{5}{8}$	$\frac{1}{3}$	$\frac{4}{6} \div \frac{2}{4}$
$\frac{1}{2}$	$\frac{6}{8}$	$\frac{3}{8}$	$\frac{2}{9}$	$\frac{14}{20}$	$\frac{16}{35}$	$\frac{1}{3}$	$\frac{3}{10}$	$\frac{1}{2}$
	$\frac{6}{7}$	$\frac{4}{7} \div \frac{6}{9}$	$\frac{4}{7}$	$\frac{3}{4} \div \frac{5}{7}$	$\frac{2}{3}$	$\frac{1}{6} \div \frac{1}{2}$	$\frac{1}{4}$	$\frac{1}{4} \div \frac{1}{2}$

$\frac{1}{6} \div \frac{1}{5}$	$\frac{1}{6}$	$\frac{3}{6} \div \frac{3}{7}$	$\frac{6}{6}$	$\frac{2}{9} \div \frac{3}{9}$	$\frac{1}{3}$	$\frac{1}{5} \div \frac{2}{4}$	$\frac{1}{5}$	$\frac{1}{2} \div \frac{2}{7}$
$\frac{2}{6}$	$\frac{4}{6}$	$\frac{2}{9}$	$\frac{4}{4}$	$\frac{2}{4}$	$\frac{1}{4}$	$\frac{2}{5}$	$\frac{4}{5}$	$\frac{2}{5}$
🏁	$\frac{2}{9}$	$\frac{8}{9} \div \frac{4}{5}$	$\frac{4}{9}$	$\frac{7}{8} \div \frac{2}{4}$	$\frac{1}{4}$	$\frac{1}{7} \div \frac{5}{7}$	$\frac{3}{5}$	$\frac{3}{5} \div \frac{1}{2}$
$\frac{28}{9}$	$\frac{10}{15}$	$\frac{9}{15}$	$\frac{2}{15}$	$\frac{54}{54}$	$\frac{8}{10}$	$\frac{2}{10}$	$\frac{3}{10}$	$\frac{1}{3}$
$\frac{7}{9} \div \frac{1}{4}$	$\frac{8}{15}$	$\frac{1}{3} \div \frac{5}{7}$	$\frac{7}{54}$	$\frac{1}{9} \div \frac{6}{7}$	$\frac{7}{10}$	$\frac{1}{5} \div \frac{2}{7}$	$\frac{1}{10}$	$\frac{1}{5} \div \frac{3}{5}$
$\frac{20}{7}$	$\frac{14}{15}$	$\frac{7}{15}$	$\frac{5}{15}$	$\frac{37}{54}$	$\frac{9}{10}$	$\frac{2}{9}$	$\frac{2}{3}$	$\frac{3}{3}$
$\frac{5}{7} \div \frac{1}{4}$	$\frac{3}{3}$	$\frac{2}{6} \div \frac{1}{2}$	$\frac{1}{3}$	$\frac{3}{6} \div \frac{1}{3}$	$\frac{5}{9}$	$\frac{1}{9} \div \frac{2}{4}$	$\frac{2}{3}$	$\frac{1}{5} \div \frac{3}{5}$
$\frac{3}{5}$	$\frac{17}{25}$	$\frac{2}{3}$	$\frac{5}{25}$	$\frac{31}{32}$	$\frac{1}{7}$	$\frac{10}{7}$	$\frac{1}{3}$	$\frac{9}{14}$
$\frac{1}{3} \div \frac{5}{9}$	$\frac{18}{25}$	$\frac{3}{5} \div \frac{5}{6}$	$\frac{21}{25}$	$\frac{2}{8} \div \frac{8}{9}$	$\frac{3}{7}$	$\frac{5}{7} \div \frac{1}{2}$	$\frac{2}{14}$	$\frac{1}{2} \div \frac{7}{9}$
$\frac{5}{6}$	$\frac{3}{6}$	$\frac{8}{25}$	$\frac{6}{8}$	$\frac{1}{8}$	$\frac{5}{8}$	$\frac{5}{14}$	$\frac{3}{4}$	$\frac{1}{1}$
$\frac{2}{4} \div \frac{3}{7}$	$\frac{7}{6}$	$\frac{2}{5} \div \frac{2}{5}$	$\frac{1}{1}$	$\frac{1}{3} \div \frac{8}{9}$	$\frac{3}{8}$	$\frac{1}{6} \div \frac{7}{9}$	$\frac{3}{14}$	$\frac{2}{4} \div \frac{3}{6}$

Time:

8

Score:

$$\frac{1}{2} \div \frac{7}{8} \quad \frac{8}{3} \quad \frac{2}{3} \div \frac{1}{4} \quad \frac{2}{5} \quad \frac{2}{4} \div \frac{1}{2} \quad \frac{12}{12} \quad \frac{1}{2} \div \frac{6}{7} \quad \frac{2}{5} \quad \frac{2}{3} \div \frac{2}{5}$$

$$\frac{4}{7} \quad \frac{1}{5} \quad \frac{10}{7} \quad \frac{2}{9} \quad \frac{5}{9} \quad \frac{7}{12} \quad \frac{27}{40} \quad \frac{2}{14} \quad \frac{5}{15}$$

$$\frac{2}{4} \div \frac{4}{5} \quad \frac{6}{7} \quad \frac{5}{7} \div \frac{4}{8} \quad \frac{4}{9} \quad \frac{2}{9} \div \frac{1}{2} \quad \frac{28}{40} \quad \frac{3}{8} \div \frac{5}{9} \quad \frac{3}{4} \quad \frac{2}{8} \div \frac{1}{3}$$

$$\frac{4}{8} \quad \frac{5}{8} \quad \frac{1}{7} \quad \frac{7}{9} \quad \frac{2}{9} \quad \frac{7}{9} \quad \frac{1}{16} \quad \frac{7}{6} \quad \frac{2}{4}$$

$$\frac{2}{3} \div \frac{6}{9} \quad \frac{3}{24} \quad \frac{1}{6} \div \frac{4}{7} \quad \frac{22}{24} \quad \frac{2}{4} \div \frac{4}{7} \quad \frac{5}{6} \quad \frac{5}{6} \div \frac{5}{7} \quad \frac{6}{6} \quad \frac{1}{2} \div \frac{1}{2}$$

$$\frac{4}{7} \quad \frac{7}{24} \quad \frac{20}{24} \quad \frac{4}{24} \quad \frac{1}{2} \quad \frac{1}{5} \quad \frac{15}{14} \quad \frac{3}{5} \quad \frac{1}{8}$$

$$\frac{1}{2} \div \frac{2}{6} \quad \frac{1}{3} \quad \frac{1}{9} \div \frac{4}{8} \quad \frac{1}{2} \quad \frac{3}{4} \div \frac{1}{2} \quad \frac{4}{14} \quad \frac{3}{7} \div \frac{2}{5} \quad \frac{9}{8} \quad \frac{6}{8} \div \frac{4}{6}$$

$$\frac{3}{2} \quad \frac{2}{3} \quad \frac{7}{8} \quad \frac{3}{8} \quad \frac{3}{3} \quad \frac{5}{8} \quad \frac{1}{14} \quad \frac{3}{8} \quad \frac{27}{4}$$

$$\frac{2}{4} \div \frac{1}{2} \quad \frac{1}{1} \quad \frac{2}{8} \div \frac{2}{5} \quad \frac{1}{8} \quad \frac{2}{9} \div \frac{1}{3} \quad \frac{7}{8} \quad \frac{1}{8} \div \frac{1}{9} \quad \frac{2}{5} \quad \frac{3}{4} \div \frac{1}{9}$$

$$\frac{2}{3} \quad \frac{1}{3} \quad \frac{5}{8} \quad \frac{2}{3} \quad \frac{2}{3} \quad \frac{1}{2} \quad \frac{1}{5} \quad \frac{3}{5} \quad \frac{21}{4}$$

$$\frac{5}{7} \div \frac{1}{7} \quad \frac{1}{2} \quad \text{[checkered flag]} \quad \frac{1}{2} \quad \frac{3}{6} \div \frac{1}{8} \quad \frac{1}{5} \quad \frac{2}{5} \div \frac{1}{3} \quad \frac{3}{4} \quad \frac{6}{8} \div \frac{1}{7}$$

$\frac{2}{3} \div \frac{4}{6}$ | $\frac{2}{3}$ | $\frac{1}{3} \div \frac{1}{2}$ | $\frac{4}{3}$ | $\frac{2}{3} \div \frac{1}{2}$ | $\frac{3}{1}$ | $\frac{3}{4} \div \frac{1}{4}$ | $\frac{9}{16}$ | $\frac{1}{2} \div \frac{8}{9}$

$\frac{1}{1}$ | $\frac{1}{3}$ | $\frac{2}{8}$ | $\frac{3}{3}$ | $\frac{2}{3}$ | $\frac{1}{9}$ | $\frac{1}{9}$ | $\frac{7}{9}$ | $\frac{15}{16}$

$\frac{3}{5} \div \frac{1}{2}$ | $\frac{3}{5}$ | $\frac{2}{3} \div \frac{6}{7}$ | $\frac{6}{12}$ | $\frac{2}{6} \div \frac{4}{5}$ | $\frac{3}{9}$ | $\frac{4}{9} \div \frac{1}{2}$ | $\frac{2}{9}$ | $\frac{5}{8} \div \frac{2}{4}$

$\frac{6}{5}$ | $\frac{5}{9}$ | $\frac{7}{9}$ | $\frac{2}{7}$ | $\frac{4}{12}$ | $\frac{9}{2}$ | $\frac{2}{9}$ | $\frac{8}{9}$ | $\frac{1}{4}$

$\frac{2}{3} \div \frac{3}{5}$ | $\frac{1}{9}$ | $\frac{2}{6} \div \frac{1}{3}$ | $\frac{1}{2}$ | $\frac{3}{4} \div \frac{1}{6}$ | $\frac{5}{7}$ | $\frac{2}{4} \div \frac{3}{9}$ | $\frac{4}{4}$ | $\frac{3}{4} \div \frac{3}{5}$

$\frac{10}{9}$ | $\frac{2}{9}$ | $\frac{11}{27}$ | $\frac{16}{27}$ | $\frac{3}{7}$ | $\frac{1}{5}$ | $\frac{1}{2}$ | $\frac{5}{4}$ | $\frac{3}{3}$

$\frac{5}{8} \div \frac{1}{3}$ | $\frac{15}{8}$ | $\frac{4}{9} \div \frac{3}{4}$ | $\frac{6}{27}$ | $\frac{1}{2} \div \frac{4}{5}$ | $\frac{1}{3}$ | $\frac{3}{9} \div \frac{1}{4}$ | $\frac{1}{5}$ | $\frac{2}{8} \div \frac{2}{8}$

$\frac{14}{15}$ | $\frac{13}{15}$ | $\frac{1}{4}$ | $\frac{1}{4}$ | $\frac{2}{8}$ | $\frac{4}{3}$ | $\frac{4}{5}$ | $\frac{4}{5}$ | $\frac{1}{1}$

$\frac{1}{5} \div \frac{3}{7}$ | $\frac{6}{15}$ | $\frac{2}{9} \div \frac{3}{4}$ | $\frac{21}{20}$ | $\frac{6}{8} \div \frac{5}{7}$ | $\frac{16}{20}$ | $\frac{5}{8} \div \frac{6}{7}$ | $\frac{10}{21}$ | $\frac{5}{6} \div \frac{7}{8}$

$\frac{7}{15}$ | $\frac{9}{5}$ | $\frac{8}{27}$ | $\frac{1}{20}$ | $\frac{4}{5}$ | $\frac{2}{20}$ | $\frac{48}{48}$ | $\frac{8}{21}$ | $\frac{1}{21}$

[checkered flag] | $\frac{3}{5}$ | $\frac{3}{5} \div \frac{2}{6}$ | $\frac{10}{12}$ | $\frac{4}{7} \div \frac{4}{9}$ | $\frac{2}{5}$ | $\frac{3}{7} \div \frac{5}{7}$ | $\frac{1}{1}$ | $\frac{2}{3} \div \frac{3}{9}$

Time:

10

Score:

$$\frac{4}{9} \div \frac{5}{9} \quad \frac{3}{4} \quad \frac{1}{2} \div \frac{2}{9} \quad \frac{5}{3} \quad \frac{5}{9} \div \frac{2}{6} \quad \frac{24}{35} \quad \frac{4}{7} \div \frac{5}{6} \quad \frac{25}{14} \quad \frac{5}{7} \div \frac{2}{5}$$

$$\frac{6}{56} \quad \frac{4}{9} \quad \frac{9}{4} \quad \frac{2}{9} \quad \frac{3}{7} \quad \frac{34}{35} \quad \frac{33}{35} \quad \frac{15}{28} \quad \frac{9}{16}$$

$$\frac{3}{8} \div \frac{7}{9} \quad \frac{10}{3} \quad \frac{2}{3} \div \frac{1}{5} \quad \frac{2}{3} \quad \frac{1}{2} \div \frac{1}{7} \quad \frac{2}{3} \quad \frac{2}{3} \div \frac{1}{5} \quad \frac{8}{16} \quad \frac{3}{6} \div \frac{8}{9}$$

$$\frac{27}{56} \quad \frac{5}{8} \quad \frac{1}{3} \quad \frac{7}{8} \quad \frac{23}{27} \quad \frac{4}{8} \quad \frac{4}{8} \quad \frac{5}{8} \quad \frac{3}{16}$$

$$\frac{1}{2} \div \frac{1}{4} \quad \frac{1}{8} \quad \frac{5}{8} \div \frac{1}{7} \quad \frac{35}{8} \quad \frac{1}{8} \div \frac{3}{4} \quad \frac{1}{6} \quad \frac{1}{2} \div \frac{4}{5} \quad \frac{3}{8} \quad \frac{1}{2} \div \frac{1}{4}$$

$$\frac{2}{1} \quad \frac{3}{8} \quad \frac{8}{5} \quad \frac{2}{15} \quad \frac{2}{6} \quad \frac{2}{8} \quad \frac{8}{8} \quad \frac{2}{8} \quad \frac{3}{25}$$

$$\frac{5}{5} \quad \frac{4}{5} \div \frac{1}{2} \quad \frac{8}{15} \quad \frac{2}{5} \div \frac{3}{4} \quad \frac{7}{15} \quad \frac{2}{5} \div \frac{5}{9} \quad \frac{6}{25} \quad \frac{2}{5} \div \frac{5}{7}$$

$$\frac{2}{3} \quad \frac{3}{4} \quad \frac{3}{4} \quad \frac{7}{4} \quad \frac{12}{15} \quad \frac{4}{15} \quad \frac{2}{6} \quad \frac{4}{7} \quad \frac{1}{1}$$

$$\frac{1}{2} \div \frac{3}{4} \quad \frac{3}{4} \quad \frac{3}{4} \div \frac{3}{7} \quad \frac{3}{2} \quad \frac{6}{8} \div \frac{2}{4} \quad \frac{3}{4} \quad \frac{3}{8} \div \frac{2}{4} \quad \frac{1}{4} \quad \frac{1}{2} \div \frac{1}{2}$$

$$\frac{2}{5} \quad \frac{1}{4} \quad \frac{1}{4} \quad \frac{1}{4} \quad \frac{1}{3} \quad \frac{2}{7} \quad \frac{1}{5} \quad \frac{25}{6} \quad \frac{3}{6}$$

$$\frac{4}{8} \div \frac{5}{8} \quad \frac{1}{3} \quad \frac{1}{3} \div \frac{3}{6} \quad \frac{1}{1} \quad \frac{4}{5} \div \frac{2}{5} \quad \frac{3}{20} \quad \frac{2}{8} \div \frac{5}{7} \quad \frac{4}{6} \quad \frac{5}{6} \div \frac{1}{5}$$

Time:

11

Score:

🏁 $\frac{1}{5}$ $\frac{4}{5} \div \frac{1}{9}$ $\frac{2}{7}$ $\frac{1}{3} \div \frac{7}{9}$ $\frac{19}{40}$ $\frac{7}{8} \div \frac{5}{7}$ $\frac{8}{56}$ $\frac{5}{7} \div \frac{8}{9}$ 🚗

$\frac{3}{20}$ $\frac{35}{9}$ $\frac{8}{9}$ $\frac{5}{7}$ $\frac{4}{7}$ $\frac{5}{7}$ $\frac{28}{40}$ $\frac{26}{56}$ $\frac{45}{56}$

$\frac{1}{4} \div \frac{5}{7}$ $\frac{3}{9}$ $\frac{7}{9} \div \frac{1}{5}$ $\frac{3}{3}$ $\frac{2}{3} \div \frac{2}{5}$ $\frac{3}{7}$ $\frac{4}{7} \div \frac{1}{2}$ $\frac{20}{21}$ $\frac{5}{7} \div \frac{3}{4}$

$\frac{2}{7}$ $\frac{1}{5}$ $\frac{7}{4}$ $\frac{3}{5}$ $\frac{4}{5}$ $\frac{8}{7}$ $\frac{5}{7}$ $\frac{4}{7}$ $\frac{1}{5}$

$\frac{3}{7} \div \frac{1}{6}$ $\frac{18}{7}$ $\frac{7}{8} \div \frac{1}{2}$ $\frac{4}{5}$ $\frac{3}{9} \div \frac{5}{6}$ $\frac{1}{5}$ $\frac{1}{3} \div \frac{2}{3}$ $\frac{11}{15}$ $\frac{2}{5} \div \frac{3}{4}$

$\frac{1}{4}$ $\frac{5}{4}$ $\frac{7}{8}$ $\frac{4}{5}$ $\frac{2}{5}$ $\frac{19}{21}$ $\frac{1}{32}$ $\frac{2}{32}$ $\frac{10}{15}$

$\frac{3}{4} \div \frac{1}{9}$ $\frac{3}{4}$ $\frac{1}{4} \div \frac{1}{5}$ $\frac{3}{5}$ $\frac{2}{5} \div \frac{1}{3}$ $\frac{6}{5}$ $\frac{7}{8} \div \frac{4}{7}$ $\frac{28}{32}$ $\frac{1}{4} \div \frac{5}{6}$

$\frac{18}{21}$ $\frac{16}{21}$ $\frac{1}{4}$ $\frac{2}{3}$ $\frac{33}{64}$ $\frac{3}{32}$ $\frac{5}{32}$ $\frac{49}{32}$ $\frac{3}{5}$

$\frac{4}{7} \div \frac{3}{4}$ $\frac{14}{21}$ $\frac{2}{3} \div \frac{6}{7}$ $\frac{3}{6}$ $\frac{2}{3} \div \frac{4}{5}$ $\frac{2}{2}$ $\frac{5}{6} \div \frac{5}{9}$ $\frac{4}{5}$ $\frac{2}{5} \div \frac{1}{2}$

$\frac{9}{7}$ $\frac{7}{8}$ $\frac{5}{8}$ $\frac{6}{8}$ $\frac{4}{5}$ $\frac{15}{18}$ $\frac{3}{2}$ $\frac{13}{15}$ $\frac{1}{5}$

$\frac{3}{7} \div \frac{1}{3}$ $\frac{3}{8}$ $\frac{1}{3} \div \frac{8}{9}$ $\frac{4}{3}$ $\frac{2}{3} \div \frac{1}{2}$ $\frac{7}{18}$ $\frac{3}{9} \div \frac{6}{7}$ $\frac{4}{18}$ $\frac{1}{2} \div \frac{1}{4}$

Row 1: $\frac{4}{6} \div \frac{2}{5}$ $\frac{2}{3}$ $\frac{2}{8} \div \frac{1}{3}$ $\frac{3}{5}$ $\frac{2}{5} \div \frac{2}{7}$ $\frac{7}{5}$ $\frac{2}{8} \div \frac{8}{9}$ $\frac{9}{32}$ $\frac{1}{2} \div \frac{4}{8}$

Row 2: $\frac{5}{3}$ $\frac{3}{3}$ $\frac{7}{8}$ $\frac{21}{8}$ $\frac{4}{5}$ $\frac{5}{5}$ $\frac{32}{32}$ $\frac{1}{2}$ $\frac{1}{1}$

Row 3: $\frac{2}{4} \div \frac{3}{8}$ $\frac{4}{3}$ $\frac{3}{4} \div \frac{2}{7}$ $\frac{4}{8}$ $\frac{2}{3} \div \frac{3}{6}$ $\frac{1}{2}$ $\frac{1}{2} \div \frac{2}{6}$ $\frac{6}{1}$ $\frac{2}{3} \div \frac{1}{9}$

Row 4: $\frac{3}{3}$ $\frac{4}{8}$ $\frac{1}{7}$ $\frac{2}{8}$ $\frac{5}{9}$ $\frac{2}{5}$ $\frac{3}{2}$ $\frac{1}{4}$ $\frac{1}{2}$

Row 5: $\frac{4}{5} \div \frac{1}{2}$ $\frac{8}{7}$ $\frac{2}{7} \div \frac{1}{4}$ $\frac{2}{9}$ $\frac{1}{6} \div \frac{3}{4}$ $\frac{5}{3}$ $\frac{1}{3} \div \frac{1}{5}$ $\frac{2}{3}$ $\frac{7}{8} \div \frac{2}{3}$

Row 6: $\frac{8}{5}$ $\frac{2}{5}$ $\frac{5}{7}$ $\frac{9}{9}$ $\frac{4}{9}$ $\frac{7}{9}$ $\frac{3}{3}$ $\frac{10}{16}$ $\frac{10}{16}$

Row 7: $\frac{2}{4} \div \frac{1}{3}$ $\frac{3}{2}$ $\frac{1}{5} \div \frac{1}{2}$ $\frac{5}{5}$ $\frac{6}{7} \div \frac{2}{8}$ $\frac{7}{7}$ $\frac{4}{9} \div \frac{1}{4}$ $\frac{5}{9}$ $\frac{6}{9} \div \frac{4}{5}$

Row 8: $\frac{1}{2}$ $\frac{2}{5}$ $\frac{3}{5}$ $\frac{5}{5}$ $\frac{3}{7}$ $\frac{1}{9}$ $\frac{7}{9}$ $\frac{2}{9}$ $\frac{6}{6}$

Row 9: $\frac{2}{3} \div \frac{4}{5}$ $\frac{1}{2}$ $\frac{3}{6} \div \frac{1}{5}$ $\frac{5}{2}$ 🏁 $\frac{1}{1}$ $\frac{1}{2} \div \frac{2}{8}$ $\frac{1}{1}$ $\frac{4}{6} \div \frac{1}{7}$

Row 10: $\frac{3}{6}$ $\frac{5}{6}$ $\frac{3}{2}$ $\frac{3}{4}$ $\frac{2}{3}$ $\frac{25}{28}$ $\frac{1}{1}$ $\frac{1}{3}$ $\frac{3}{3}$

Row 11: $\frac{6}{7} \div \frac{1}{2}$ $\frac{1}{3}$ $\frac{3}{5} \div \frac{2}{5}$ $\frac{2}{3}$ $\frac{2}{3} \div \frac{2}{5}$ $\frac{1}{3}$ $\frac{2}{8} \div \frac{7}{9}$ $\frac{4}{28}$ $\frac{7}{8} \div \frac{3}{4}$

Time: 13   Score:

$$\frac{1}{2} \div \frac{4}{5} \quad \frac{5}{8} \quad \frac{7}{9} \div \frac{3}{6} \quad \frac{14}{9} \quad \frac{1}{4} \div \frac{1}{5} \quad \frac{1}{4} \quad \frac{2}{8} \div \frac{1}{2} \quad \frac{2}{2} \quad \frac{3}{8} \div \frac{2}{3}$$

$$\frac{7}{4} \qquad \frac{3}{4} \qquad \frac{8}{9} \qquad \frac{3}{5} \qquad \frac{5}{4} \qquad \frac{3}{4} \qquad \frac{1}{2} \qquad \frac{3}{4} \qquad \frac{3}{4}$$

$$\frac{7}{8} \div \frac{1}{2} \quad \frac{1}{4} \div \frac{5}{6} \quad \frac{1}{2} \div \frac{4}{4} \quad \frac{3}{8} \div \frac{1}{2} \quad \frac{5}{8} \quad \frac{1}{8} \div \frac{1}{3} \quad \frac{3}{8} \quad \frac{1}{2} \div \frac{3}{4}$$

$$\frac{9}{2} \qquad \frac{3}{7} \qquad \frac{2}{7} \qquad \frac{4}{7} \qquad \frac{1}{9} \qquad \frac{2}{5} \qquad \frac{7}{8} \qquad \frac{2}{3} \qquad \frac{1}{3}$$

$$\frac{4}{8} \div \frac{1}{9} \quad \frac{6}{7} \quad \frac{2}{7} \div \frac{2}{6} \quad \frac{5}{7} \quad \frac{2}{9} \div \frac{1}{2} \quad \frac{1}{1} \quad \frac{1}{2} \div \frac{2}{8} \quad \frac{2}{1} \quad \frac{3}{4} \div \frac{2}{3}$$

$$\frac{2}{2} \qquad \frac{1}{7} \qquad \frac{7}{7} \qquad \frac{1}{3} \qquad \frac{1}{4} \qquad \frac{3}{3} \qquad \frac{1}{3} \qquad \frac{3}{4} \qquad \frac{9}{8}$$

$$\frac{3}{8} \div \frac{1}{5} \quad \frac{3}{5} \quad \frac{1}{5} \div \frac{1}{2} \quad \frac{3}{3} \quad \frac{1}{4} \div \frac{3}{4} \quad \frac{1}{3} \quad \frac{2}{3} \div \frac{1}{2} \quad \frac{1}{3}$$

$$\frac{2}{5} \qquad \frac{1}{1} \qquad \frac{1}{1} \qquad \frac{1}{1} \qquad \frac{2}{3} \qquad \frac{9}{10} \qquad \frac{8}{10} \qquad \frac{8}{10} \qquad \frac{3}{3}$$

$$\frac{3}{5} \div \frac{1}{2} \quad \frac{1}{1} \quad \frac{6}{7} \div \frac{3}{7} \quad \frac{1}{2} \div \frac{1}{4} \div \frac{1}{6} \quad \frac{4}{10} \quad \frac{3}{5} \div \frac{4}{6} \quad \frac{10}{10} \quad \frac{2}{9} \div \frac{1}{3}$$

$$\frac{5}{5} \qquad \frac{3}{5} \qquad \frac{4}{4} \qquad \frac{3}{5} \qquad \frac{4}{6} \qquad \frac{1}{5} \qquad \frac{2}{2} \qquad \frac{7}{10} \qquad \frac{2}{4}$$

$$\frac{3}{5} \div \frac{4}{8} \quad \frac{3}{4} \quad \frac{2}{4} \div \frac{2}{3} \quad \frac{4}{5} \quad \frac{1}{9} \div \frac{5}{9} \quad \frac{1}{2} \quad \frac{1}{4} \div \frac{1}{2} \quad \frac{3}{4} \quad \frac{2}{8} \div \frac{1}{3}$$

Time: 14   Score:

$\frac{2}{4} \div \frac{1}{2}$	$\frac{31}{35}$	$\frac{3}{5} \div \frac{7}{8}$	$\frac{1}{18}$	$\frac{1}{6} \div \frac{3}{7}$	$\frac{7}{15}$	$\frac{8}{9} \div \frac{5}{6}$	$\frac{9}{9}$	$\frac{2}{6} \div \frac{3}{4}$
$\frac{1}{1}$	$\frac{2}{4}$	$\frac{3}{4}$	$\frac{1}{4}$	$\frac{13}{18}$	$\frac{5}{7}$	$\frac{12}{15}$	$\frac{4}{9}$	$\frac{8}{9}$
$\frac{1}{9} \div \frac{1}{2}$	$\frac{2}{4}$	$\frac{2}{8} \div \frac{1}{5}$	$\frac{1}{4}$	$\frac{4}{8} \div \frac{2}{3}$	$\frac{4}{7}$	$\frac{3}{7} \div \frac{2}{8}$	$\frac{12}{7}$	$\frac{4}{5} \div \frac{1}{5}$
$\frac{5}{9}$	$\frac{5}{4}$	$\frac{4}{4}$	$\frac{8}{25}$	$\frac{23}{25}$	$\frac{4}{7}$	$\frac{3}{7}$	$\frac{6}{7}$	$\frac{4}{1}$
$\frac{1}{6} \div \frac{1}{5}$	$\frac{4}{6}$	$\frac{1}{2} \div \frac{8}{9}$	$\frac{1}{25}$	$\frac{1}{5} \div \frac{5}{8}$	$\frac{6}{25}$	$\frac{2}{8} \div \frac{7}{9}$	$\frac{7}{7}$	$\frac{1}{7} \div \frac{1}{3}$
$\frac{5}{6}$	$\frac{1}{8}$	$\frac{9}{16}$	$\frac{5}{8}$	$\frac{18}{25}$	$\frac{6}{8}$	$\frac{4}{8}$	$\frac{1}{7}$	$\frac{3}{7}$
$\frac{2}{5} \div \frac{1}{2}$	$\frac{2}{8}$	$\frac{5}{9} \div \frac{8}{9}$	$\frac{3}{8}$	$\frac{1}{7} \div \frac{2}{8}$	$\frac{2}{8}$	$\frac{3}{4} \div \frac{6}{9}$	$\frac{8}{21}$	$\frac{2}{6} \div \frac{7}{8}$
$\frac{4}{5}$	$\frac{6}{14}$	$\frac{6}{8}$	$\frac{7}{8}$	$\frac{5}{7}$	$\frac{9}{8}$	$\frac{7}{8}$	$\frac{2}{8}$	$\frac{18}{21}$
$\frac{1}{2} \div \frac{7}{9}$	$\frac{9}{14}$	$\frac{1}{3} \div \frac{1}{2}$	$\frac{5}{8}$	$\frac{1}{2} \div \frac{4}{7}$	$\frac{1}{8}$	$\frac{1}{5} \div \frac{3}{6}$	$\frac{5}{5}$	
$\frac{11}{14}$	$\frac{1}{14}$	$\frac{2}{3}$	$\frac{3}{8}$	$\frac{3}{5}$	$\frac{2}{8}$	$\frac{2}{5}$	$\frac{3}{8}$	$\frac{1}{7}$
$\frac{3}{7} \div \frac{1}{2}$	$\frac{1}{2} \div \frac{1}{3}$	$\frac{3}{2}$	$\frac{4}{9} \div \frac{5}{9}$	$\frac{4}{5}$	$\frac{1}{4} \div \frac{4}{6}$	$\frac{4}{8}$	$\frac{5}{8} \div \frac{7}{8}$	

Time:

15

Score:

$\frac{1}{3} \div \frac{2}{4}$ $\frac{2}{3}$ $\frac{6}{9} \div \frac{3}{8}$ $\frac{16}{9}$ $\frac{1}{2} \div \frac{2}{5}$ $\frac{4}{4}$ $\frac{4}{5} \div \frac{2}{6}$ $\frac{5}{5}$ $\frac{6}{9} \div \frac{5}{7}$

$\frac{1}{3}$ $\frac{4}{8}$ $\frac{2}{9}$ $\frac{2}{4}$ $\frac{5}{4}$ $\frac{1}{4}$ $\frac{1}{5}$ $\frac{1}{15}$ $\frac{14}{15}$

$\frac{3}{9} \div \frac{4}{6}$ $\frac{8}{8}$ $\frac{1}{4} \div \frac{2}{3}$ $\frac{2}{3}$ $\frac{6}{9} \div \frac{1}{2}$ $\frac{4}{3}$ $\frac{1}{5} \div \frac{1}{2}$ $\frac{3}{5}$ $\frac{7}{8} \div \frac{4}{5}$

$\frac{1}{3}$ $\frac{3}{8}$ $\frac{4}{7}$ $\frac{7}{9}$ $\frac{5}{9}$ $\frac{1}{5}$ $\frac{4}{5}$ $\frac{2}{5}$ $\frac{6}{9}$

$\frac{2}{3} \div \frac{4}{8}$ $\frac{5}{7}$ $\frac{2}{7} \div \frac{1}{2}$ $\frac{8}{9}$ $\frac{4}{9} \div \frac{1}{2}$ $\frac{7}{9}$ $\frac{1}{3} \div \frac{3}{9}$ $\frac{8}{9}$ $\frac{2}{3} \div \frac{6}{8}$

$\frac{4}{3}$ $\frac{2}{3}$ $\frac{1}{7}$ $\frac{1}{2}$ $\frac{1}{9}$ $\frac{1}{6}$ $\frac{1}{1}$ $\frac{7}{9}$ $\frac{5}{9}$

🏁 $\frac{1}{4}$ $\frac{1}{4} \div \frac{4}{8}$ $\frac{2}{2}$ $\frac{1}{2} \div \frac{2}{3}$ $\frac{2}{6}$ $\frac{5}{9} \div \frac{2}{3}$ $\frac{4}{6}$ $\frac{2}{5} \div \frac{3}{6}$

$\frac{3}{4}$ $\frac{1}{3}$ $\frac{1}{4}$ $\frac{5}{5}$ $\frac{2}{5}$ $\frac{5}{6}$ $\frac{1}{6}$ $\frac{2}{6}$ $\frac{4}{5}$

$\frac{1}{8} \div \frac{3}{8}$ $\frac{2}{3}$ $\frac{8}{9} \div \frac{3}{9}$ $\frac{5}{5}$ $\frac{4}{5} \div \frac{6}{9}$ $\frac{3}{5}$ $\frac{3}{7} \div \frac{1}{2}$ $\frac{1}{7}$ $\frac{1}{4} \div \frac{1}{5}$

$\frac{1}{4}$ $\frac{7}{4}$ $\frac{2}{3}$ $\frac{1}{5}$ $\frac{6}{5}$ $\frac{1}{5}$ $\frac{3}{7}$ $\frac{4}{4}$ $\frac{1}{4}$

$\frac{2}{4} \div \frac{2}{3}$ $\frac{2}{4}$ $\frac{7}{8} \div \frac{3}{6}$ $\frac{5}{3}$ $\frac{5}{6} \div \frac{3}{6}$ $\frac{3}{3}$ $\frac{4}{7} \div \frac{2}{8}$ $\frac{7}{7}$ $\frac{1}{6} \div \frac{1}{2}$

$$\frac{1}{2} \div \frac{6}{9} \qquad \frac{2}{2} \qquad \frac{5}{6} \div \frac{1}{3} \qquad \frac{1}{2} \qquad \frac{1}{3} \div \frac{2}{3} \qquad \frac{3}{2} \qquad \frac{3}{4} \div \frac{1}{2} \qquad \frac{1}{2} \qquad \frac{1}{2} \div \frac{1}{5}$$

$$\frac{1}{2} \qquad \frac{2}{4} \qquad \frac{5}{2} \qquad \frac{5}{9} \qquad \frac{2}{2} \qquad \frac{2}{2} \qquad \frac{2}{3} \qquad \frac{1}{2} \qquad \frac{1}{3}$$

$$\frac{3}{5} \div \frac{1}{5} \qquad \frac{1}{6} \qquad \frac{1}{7} \div \frac{6}{7} \qquad \frac{3}{6} \qquad \frac{5}{6} \div \frac{3}{4} \qquad \frac{1}{3} \qquad \frac{1}{3} \div \frac{1}{2} \qquad \frac{10}{3} \qquad \frac{2}{3} \div \frac{1}{5}$$

$$\frac{1}{3} \qquad \frac{3}{1} \qquad \frac{5}{6} \qquad \frac{5}{7} \qquad \frac{3}{7} \qquad \frac{1}{9} \qquad \frac{3}{3} \qquad \frac{2}{3} \qquad \frac{7}{4}$$

$$\frac{3}{9} \div \frac{3}{6} \qquad \frac{3}{5} \qquad \frac{1}{2} \div \frac{5}{6} \qquad \frac{1}{5} \qquad \frac{2}{7} \div \frac{2}{4} \qquad \frac{7}{7} \qquad \text{🏁} \qquad \frac{4}{4} \qquad \frac{7}{8} \div \frac{1}{2}$$

$$\frac{2}{3} \qquad \frac{2}{5} \qquad \frac{4}{5} \qquad \frac{5}{5} \qquad \frac{1}{4} \qquad \frac{4}{3} \qquad \frac{3}{4} \qquad \frac{5}{9} \qquad \frac{4}{9}$$

$$\frac{8}{9} \div \frac{1}{4} \qquad \frac{32}{9} \qquad \frac{1}{2} \div \frac{3}{5} \qquad \frac{5}{6} \qquad \frac{2}{3} \div \frac{2}{4} \qquad \frac{1}{3} \qquad \frac{1}{3} \div \frac{1}{9} \qquad \frac{3}{9} \qquad \frac{2}{9} \div \frac{2}{4}$$

$$\frac{5}{9} \qquad \frac{2}{7} \qquad \frac{3}{6} \qquad \frac{3}{7} \qquad \frac{6}{9} \qquad \frac{2}{3} \qquad \frac{1}{2} \qquad \frac{8}{9} \qquad \frac{5}{8}$$

$$\frac{1}{3} \div \frac{1}{4} \qquad \frac{4}{7} \qquad \frac{4}{7} \div \frac{1}{5} \qquad \frac{2}{9} \qquad \frac{1}{3} \div \frac{6}{8} \qquad \frac{1}{1} \qquad \frac{1}{2} \div \frac{2}{8} \qquad \frac{2}{1} \qquad \frac{2}{4} \div \frac{4}{5}$$

$$\frac{1}{3} \qquad \frac{2}{3} \qquad \frac{3}{5} \qquad \frac{11}{49} \qquad \frac{20}{49} \qquad \frac{31}{49} \qquad \frac{1}{2} \qquad \frac{2}{3} \qquad \frac{4}{8}$$

$$\frac{1}{3} \div \frac{1}{2} \qquad \frac{2}{5} \qquad \frac{1}{5} \div \frac{2}{6} \qquad \frac{14}{49} \qquad \frac{5}{7} \div \frac{7}{8} \qquad \frac{1}{3} \qquad \frac{1}{4} \div \frac{1}{8} \qquad \frac{1}{3} \qquad \frac{1}{2} \div \frac{3}{4}$$

Time:

17

Score:

$\frac{1}{2} \div \frac{2}{8}$ $\frac{9}{14}$ $\frac{2}{7} \div \frac{4}{5}$ $\frac{10}{14}$ $\frac{2}{3} \div \frac{2}{3}$ $\frac{8}{9}$ $\frac{1}{9} \div \frac{2}{4}$ $\frac{2}{9}$ 🏁

$\frac{8}{8}$ $\frac{3}{8}$ $\frac{12}{14}$ $\frac{5}{14}$ $\frac{1}{3}$ $\frac{1}{2}$ $\frac{7}{12}$ $\frac{6}{9}$ $\frac{4}{5}$

$\frac{2}{8} \div \frac{2}{3}$ $\frac{4}{8} \div \frac{3}{4}$ $\frac{3}{8}$ $\frac{1}{2}$ $\frac{3}{5} \div \frac{2}{5}$ $\frac{4}{12}$ $\frac{1}{4} \div \frac{3}{7}$ $\frac{2}{5}$ $\frac{1}{3} \div \frac{5}{6}$

$\frac{16}{15}$ $\frac{7}{8}$ $\frac{2}{3}$ $\frac{2}{2}$ $\frac{1}{1}$ $\frac{3}{2}$ $\frac{5}{7}$ $\frac{10}{7}$ $\frac{1}{5}$

$\frac{6}{9} \div \frac{5}{8}$ $\frac{9}{15}$ $\frac{5}{7} \div \frac{1}{7}$ $\frac{1}{1}$ $\frac{4}{6} \div \frac{2}{3}$ $\frac{5}{7}$ $\frac{5}{7} \div \frac{1}{2}$ $\frac{4}{7}$ $\frac{6}{7} \div \frac{1}{3}$

$\frac{3}{16}$ $\frac{15}{16}$ $\frac{12}{24}$ $\frac{4}{7}$ $\frac{3}{7}$ $\frac{5}{7}$ $\frac{4}{35}$ $\frac{1}{1}$ $\frac{1}{1}$

$\frac{1}{8} \div \frac{4}{6}$ $\frac{7}{24} \div \frac{2}{8}$ $\frac{6}{7}$ $\frac{30}{7}$ $\frac{5}{7} \div \frac{1}{6}$ $\frac{6}{7}$ $\frac{4}{7} \div \frac{5}{6}$ $\frac{1}{1}$ $\frac{4}{5} \div \frac{2}{5}$

$\frac{1}{16}$ $\frac{10}{16}$ $\frac{3}{3}$ $\frac{3}{3}$ $\frac{3}{4}$ $\frac{6}{7}$ $\frac{4}{8}$ $\frac{3}{8}$ $\frac{2}{2}$

$\frac{6}{8} \div \frac{5}{7}$ $\frac{1}{3}$ $\frac{2}{3} \div \frac{2}{8}$ $\frac{8}{3}$ $\frac{1}{4} \div \frac{1}{3}$ $\frac{1}{4}$ $\frac{5}{8} \div \frac{1}{7}$ $\frac{2}{2}$ $\frac{6}{8} \div \frac{1}{2}$

$\frac{1}{2}$ $\frac{1}{3}$ $\frac{7}{6}$ $\frac{23}{35}$ $\frac{13}{35}$ $\frac{8}{35}$ $\frac{1}{3}$ $\frac{4}{7}$ $\frac{5}{7}$

$\frac{3}{6} \div \frac{1}{3}$ $\frac{4}{6}$ $\frac{7}{8} \div \frac{6}{8}$ $\frac{36}{35}$ $\frac{4}{7} \div \frac{5}{9}$ $\frac{5}{3}$ $\frac{5}{6} \div \frac{2}{4}$ $\frac{8}{7}$ $\frac{6}{7} \div \frac{3}{4}$

Time:

18

Score:

$$\frac{2}{8} \div \frac{2}{3} \quad \frac{2}{49} \quad \frac{2}{7} \div \frac{7}{9} \quad \frac{2}{16} \quad \frac{3}{4} \div \frac{4}{7} \quad \frac{2}{4} \quad \frac{1}{2} \div \frac{2}{3} \quad \frac{4}{5} \quad \frac{1}{2} \div \frac{5}{8}$$

$$\frac{2}{5} \quad \frac{2}{3} \quad \frac{1}{49} \quad \frac{1}{2} \quad \frac{10}{16} \quad \frac{3}{16} \quad \frac{3}{4} \quad \frac{1}{5} \quad \frac{3}{5}$$

$$\frac{3}{5} \div \frac{1}{8} \quad \frac{24}{5} \quad \frac{1}{2} \div \frac{1}{4} \quad \frac{2}{4} \quad \frac{1}{2} \div \frac{3}{4} \quad \frac{1}{4} \quad \frac{1}{2} \div \frac{2}{7} \quad \frac{1}{3} \quad \frac{4}{6} \div \frac{2}{4}$$

$$\frac{2}{1} \quad \frac{1}{4} \quad \frac{2}{1} \quad \frac{2}{3} \quad \frac{6}{7} \quad \frac{7}{10} \quad \frac{4}{4} \quad \frac{7}{4} \quad \frac{2}{30}$$

$$\frac{1}{3} \div \frac{1}{6} \quad \frac{1}{1} \quad \frac{4}{6} \div \frac{1}{2} \quad \frac{4}{3} \quad \frac{3}{7} \div \frac{6}{8} \quad \frac{1}{7} \quad \frac{1}{9} \div \frac{1}{7} \quad \frac{15}{30} \quad \frac{1}{6} \div \frac{5}{7}$$

$$\frac{16}{15} \quad \frac{1}{2} \quad \frac{1}{3} \quad \frac{5}{7} \quad \frac{4}{7} \quad \frac{2}{7} \quad \frac{3}{9} \quad \frac{15}{30} \quad \frac{7}{30}$$

$$\frac{4}{5} \div \frac{3}{4} \quad \frac{11}{15} \quad \quad \frac{1}{6} \quad \frac{1}{9} \div \frac{2}{3} \quad \frac{1}{1} \quad \frac{1}{2} \div \frac{2}{8} \quad \frac{40}{9} \quad \frac{5}{9} \div \frac{1}{8}$$

$$\frac{5}{12} \quad \frac{6}{12} \quad \frac{1}{3} \quad \frac{8}{12} \quad \frac{10}{12} \quad \frac{2}{1} \quad \frac{1}{2} \quad \frac{2}{3} \quad \frac{3}{9}$$

$$\frac{2}{8} \div \frac{3}{5} \quad \frac{9}{12} \quad \frac{6}{9} \div \frac{1}{8} \quad \frac{6}{12} \quad \frac{4}{8} \div \frac{6}{7} \quad \frac{11}{12} \quad \frac{1}{2} \div \frac{1}{3} \quad \frac{2}{3} \quad \frac{3}{6} \div \frac{3}{4}$$

$$\frac{1}{12} \quad \frac{3}{10} \quad \frac{10}{10} \quad \frac{3}{12} \quad \frac{7}{12} \quad \frac{9}{12} \quad \frac{2}{3} \quad \frac{1}{3} \quad \frac{2}{3}$$

$$\frac{7}{8} \div \frac{1}{9} \quad \frac{5}{10} \quad \frac{1}{5} \div \frac{2}{3} \quad \frac{5}{3} \quad \frac{6}{9} \div \frac{2}{5} \quad \frac{3}{3} \quad \frac{2}{4} \div \frac{7}{8} \quad \frac{3}{3} \quad \frac{1}{3} \div \frac{2}{4}$$

$\frac{1}{3} \div \frac{2}{3}$ $\frac{2}{2}$ $\frac{4}{5} \div \frac{7}{9}$ $\frac{29}{35}$ $\frac{3}{8} \div \frac{3}{8}$ $\frac{1}{1}$ $\frac{1}{3} \div \frac{1}{6}$ $\frac{1}{1}$

$\frac{1}{3}$ $\frac{1}{2}$ $\frac{1}{21}$ $\frac{17}{21}$ $\frac{1}{1}$ $\frac{1}{1}$ $\frac{1}{1}$ $\frac{4}{4}$ $\frac{15}{8}$

$\frac{4}{8} \div \frac{5}{6}$ $\frac{18}{21}$ $\frac{4}{7} \div \frac{6}{8}$ $\frac{5}{21}$ $\frac{3}{6} \div \frac{1}{2}$ $\frac{1}{1}$ $\frac{3}{8} \div \frac{4}{8}$ $\frac{7}{8}$ $\frac{5}{6} \div \frac{4}{9}$

$\frac{8}{10}$ $\frac{16}{21}$ $\frac{7}{21}$ $\frac{18}{21}$ $\frac{1}{1}$ $\frac{4}{4}$ $\frac{3}{4}$ $\frac{1}{2}$ $\frac{1}{1}$

$\frac{1}{2} \div \frac{5}{7}$ $\frac{7}{10}$ $\frac{2}{6} \div \frac{2}{4}$ $\frac{1}{3}$ $\frac{3}{4} \div \frac{1}{2}$ $\frac{1}{2}$ $\frac{5}{7} \div \frac{3}{8}$ $\frac{2}{3}$ $\frac{1}{2} \div \frac{1}{2}$

$\frac{4}{10}$ $\frac{5}{10}$ $\frac{2}{3}$ $\frac{13}{15}$ $\frac{3}{3}$ $\frac{3}{5}$ $\frac{7}{21}$ $\frac{3}{4}$ $\frac{8}{5}$

$\frac{5}{8} \div \frac{1}{5}$ $\frac{12}{15}$ $\frac{2}{3} \div \frac{5}{7}$ $\frac{15}{15}$ $\frac{1}{3} \div \frac{1}{2}$ $\frac{2}{3}$ $\frac{1}{5} \div \frac{1}{2}$ $\frac{1}{5}$ $\frac{4}{5} \div \frac{1}{2}$

$\frac{5}{14}$ $\frac{14}{15}$ $\frac{9}{15}$ $\frac{8}{15}$ $\frac{3}{5}$ $\frac{1}{5}$ $\frac{5}{5}$ $\frac{2}{5}$ $\frac{1}{1}$

$\frac{1}{2} \div \frac{7}{9}$ $\frac{13}{14}$ $\frac{7}{9} \div \frac{3}{7}$ $\frac{2}{27}$ $\frac{2}{5} \div \frac{2}{3}$ $\frac{2}{5}$ $\frac{1}{4} \div \frac{2}{7}$ $\frac{1}{3}$ $\frac{1}{4} \div \frac{1}{4}$

$\frac{9}{14}$ $\frac{11}{14}$ $\frac{5}{5}$ $\frac{4}{5}$ $\frac{4}{5}$ $\frac{21}{8}$ $\frac{7}{8}$ $\frac{3}{4}$ $\frac{1}{2}$

$\frac{4}{8} \div \frac{4}{9}$ $\frac{9}{8}$ $\frac{2}{5} \div \frac{2}{4}$ $\frac{4}{5}$ $\frac{2}{3} \div \frac{1}{3}$ $\frac{2}{1}$ $\frac{3}{4} \div \frac{2}{7}$ $\frac{8}{8}$ $\frac{7}{9} \div \frac{1}{2}$

Time:

20

Score:

$\frac{1}{2} \div \frac{3}{8}$	$\frac{1}{3}$	$\frac{1}{2} \div \frac{3}{7}$	$\frac{7}{6}$	$\frac{1}{2} \div \frac{1}{6}$	$\frac{3}{4}$	$\frac{5}{8} \div \frac{5}{6}$	$\frac{2}{4}$	$\frac{1}{6} \div \frac{4}{6}$
$\frac{4}{3}$	$\frac{3}{3}$	$\frac{8}{9}$	$\frac{6}{9}$	$\frac{3}{1}$	$\frac{1}{4}$	$\frac{1}{4}$	$\frac{2}{4}$	$\frac{3}{4}$
$\frac{2}{7} \div \frac{2}{4}$	$\frac{4}{7}$	$\frac{6}{9} \div \frac{3}{4}$	$\frac{9}{9}$	$\frac{1}{6} \div \frac{1}{3}$	$\frac{2}{2}$	$\frac{4}{7} \div \frac{1}{8}$	$\frac{7}{7}$	$\frac{4}{9} \div \frac{3}{4}$
$\frac{2}{7}$	$\frac{5}{9}$	$\frac{5}{8}$	$\frac{1}{9}$	$\frac{1}{2}$	$\frac{1}{8}$	$\frac{1}{7}$	$\frac{7}{7}$	$\frac{26}{27}$
$\frac{4}{5} \div \frac{1}{5}$	$\frac{4}{1}$	$\frac{3}{8} \div \frac{1}{3}$	$\frac{2}{8}$	$\frac{2}{4} \div \frac{4}{5}$	$\frac{7}{8}$	$\frac{4}{5} \div \frac{1}{4}$	$\frac{2}{5}$	$\frac{5}{6} \div \frac{1}{2}$
$\frac{4}{3}$	$\frac{4}{5}$	$\frac{9}{8}$	$\frac{6}{8}$	$\frac{6}{8}$	$\frac{5}{8}$	$\frac{31}{40}$	$\frac{36}{40}$	$\frac{3}{3}$
$\frac{4}{9} \div \frac{1}{3}$	$\frac{1}{3}$	$\frac{3}{6} \div \frac{5}{6}$	$\frac{3}{5}$	🏁	$\frac{32}{40}$	$\frac{1}{5} \div \frac{8}{9}$	$\frac{34}{40}$	$\frac{2}{3} \div \frac{2}{7}$
$\frac{1}{1}$	$\frac{1}{2}$	$\frac{1}{5}$	$\frac{2}{9}$	$\frac{3}{9}$	$\frac{9}{40}$	$\frac{26}{40}$	$\frac{8}{40}$	$\frac{1}{3}$
$\frac{1}{2} \div \frac{2}{4}$	$\frac{2}{3} \div \frac{2}{3}$	$\frac{3}{9}$	$\frac{4}{9}$	$\frac{2}{9} \div \frac{2}{4}$	$\frac{5}{9}$	$\frac{1}{2} \div \frac{6}{9}$	$\frac{3}{4}$	$\frac{2}{5} \div \frac{2}{3}$
$\frac{4}{3}$	$\frac{21}{27}$	$\frac{2}{1}$	$\frac{1}{9}$	$\frac{8}{9}$	$\frac{6}{9}$	$\frac{1}{4}$	$\frac{4}{5}$	$\frac{5}{5}$
$\frac{6}{9} \div \frac{1}{2}$	$\frac{5}{27}$	$\frac{1}{9} \div \frac{3}{5}$	$\frac{1}{27}$	$\frac{4}{6} \div \frac{1}{3}$	$\frac{1}{1}$	$\frac{1}{2} \div \frac{1}{4}$	$\frac{1}{1}$	$\frac{4}{8} \div \frac{1}{5}$

Time:

21

Score:

$$\frac{1}{3} \div \frac{3}{7} \qquad \frac{12}{25} \qquad \frac{1}{5} \div \frac{5}{8} \qquad \frac{7}{25} \qquad \frac{1}{2} \div \frac{1}{5} \qquad \frac{5}{2} \qquad \frac{1}{3} \div \frac{5}{9} \qquad \frac{2}{5} \qquad \frac{4}{6} \div \frac{1}{2}$$

$$\frac{1}{2} \qquad \frac{1}{25} \qquad \frac{5}{18} \qquad \frac{8}{25} \qquad \frac{3}{5} \qquad \frac{1}{5} \qquad \frac{3}{5} \qquad \frac{3}{9} \qquad \frac{6}{9}$$

$$\frac{1}{5} \div \frac{1}{5} \qquad \frac{1}{1} \qquad \frac{2}{9} \div \frac{4}{5} \qquad \frac{4}{18} \qquad \frac{1}{5} \div \frac{1}{3} \qquad \frac{1}{2} \qquad \frac{7}{8} \div \frac{1}{4} \qquad \frac{7}{2} \qquad \frac{2}{6} \div \frac{6}{8}$$

$$\frac{2}{7} \qquad \frac{3}{9} \qquad \frac{12}{18} \qquad \frac{3}{9} \qquad \frac{1}{5} \qquad \frac{4}{5} \qquad \frac{3}{3} \qquad \frac{9}{9} \qquad \frac{4}{9}$$

$$\frac{1}{7} \div \frac{3}{6} \qquad \frac{3}{7} \qquad \frac{2}{3} \div \frac{3}{7} \qquad \frac{3}{9} \qquad \frac{2}{8} \div \frac{2}{7} \qquad \frac{2}{8} \qquad \frac{1}{9} \div \frac{2}{6} \qquad \frac{1}{1} \qquad \frac{4}{5} \div \frac{2}{5}$$

$$\frac{3}{10} \qquad \frac{2}{10} \qquad \frac{1}{9} \qquad \frac{9}{20} \qquad \frac{15}{20} \qquad \frac{6}{20} \qquad \frac{1}{1} \qquad \frac{34}{35} \qquad \frac{2}{1}$$

$$\frac{1}{5} \div \frac{2}{3} \qquad \frac{9}{10} \div \frac{4}{9} \div \frac{1}{2} \qquad \frac{6}{9} \qquad \frac{7}{8} \div \frac{5}{6} \qquad \frac{17}{20} \qquad \frac{1}{2} \div \frac{4}{8} \qquad \frac{17}{35} \qquad \frac{2}{7} \div \frac{5}{6}$$

$$\frac{1}{1} \qquad \frac{1}{4} \qquad \frac{2}{4} \qquad \frac{3}{5} \qquad \frac{2}{64} \qquad \frac{5}{5} \qquad \frac{3}{5} \qquad \frac{5}{35} \qquad \frac{12}{35}$$

$$\frac{3}{5} \div \frac{3}{5} \qquad \frac{3}{4} \qquad \frac{1}{4} \div \frac{1}{3} \qquad \frac{1}{4} \qquad \frac{3}{8} \div \frac{8}{9} \qquad \frac{27}{64} \qquad \frac{4}{6} \div \frac{5}{6} \qquad \frac{7}{10} \qquad \frac{1}{4} \div \frac{5}{6}$$

$$\frac{5}{9} \qquad \frac{7}{9} \qquad \frac{5}{12} \qquad \frac{1}{3} \qquad \frac{1}{3} \qquad \frac{1}{3} \qquad \frac{2}{2} \qquad \frac{1}{5} \qquad \frac{3}{10}$$

$$\frac{1}{9} \div \frac{1}{2} \qquad \frac{2}{9} \qquad \frac{1}{4} \div \frac{3}{5} \qquad \frac{12}{12} \qquad \frac{1}{2} \div \frac{3}{4} \qquad \frac{1}{3} \qquad \frac{1}{2} \div \frac{2}{6} \qquad \frac{1}{2}$$

Maze puzzle with fraction division problems.

$\frac{5}{7} \div \frac{6}{7}$	$\frac{1}{3}$	$\frac{1}{3} \div \frac{1}{7}$	$\frac{5}{3}$	$\frac{5}{6} \div \frac{1}{2}$	$\frac{6}{7}$	$\frac{4}{6} \div \frac{7}{9}$	$\frac{5}{7}$	$\frac{6}{7} \div \frac{1}{2}$
$\frac{5}{6}$	$\frac{8}{9}$	$\frac{7}{3}$	$\frac{3}{3}$	$\frac{2}{3}$	$\frac{27}{27}$	$\frac{35}{27}$	$\frac{4}{7}$	$\frac{12}{7}$
$\frac{6}{8} \div \frac{5}{6}$	$\frac{2}{9}$	$\frac{4}{6} \div \frac{3}{4}$	$\frac{9}{9}$	$\frac{2}{5} \div \frac{3}{6}$	$\frac{25}{27}$	$\frac{7}{9} \div \frac{3}{5}$	$\frac{8}{9}$	$\frac{1}{6} \div \frac{3}{4}$
$\frac{9}{10}$	$\frac{8}{9}$	$\frac{5}{9}$	$\frac{1}{9}$	$\frac{5}{5}$	$\frac{19}{27}$	$\frac{5}{36}$	$\frac{2}{2}$	$\frac{2}{9}$
$\frac{2}{6} \div \frac{6}{8}$	$\frac{6}{9} \div \frac{3}{9}$	$\frac{2}{8}$	$\frac{5}{8}$	$\frac{6}{8} \div \frac{2}{3}$	$\frac{25}{36}$	$\frac{1}{9} \div \frac{4}{5}$	$\frac{3}{2}$	$\frac{1}{2} \div \frac{1}{3}$
$\frac{4}{9}$	$\frac{3}{9}$	$\frac{1}{6}$	$\frac{1}{6}$	$\frac{5}{8}$	$\frac{6}{8}$	$\frac{12}{36}$	$\frac{1}{3}$	$\frac{1}{2}$
$\frac{1}{9} \div \frac{2}{7}$	$\frac{7}{18}$	$\frac{3}{6} \div \frac{3}{5}$	$\frac{2}{7} \div \frac{2}{3}$	$\frac{2}{9}$	$\frac{1}{2}$	$\frac{6}{8} \div \frac{1}{2}$	$\frac{10}{16}$	$\frac{5}{8} \div \frac{2}{3}$
$\frac{4}{18}$	$\frac{3}{6}$	$\frac{5}{6}$	$\frac{3}{6}$	$\frac{1}{2}$	$\frac{1}{2}$	$\frac{1}{2}$	$\frac{1}{2}$	$\frac{6}{16}$
$\frac{2}{3} \div \frac{4}{7}$	$\frac{5}{3} \div \frac{2}{3}$	$\frac{2}{5}$	$\frac{2}{3}$	$\frac{1}{2} \div \frac{3}{5}$	$\frac{7}{10}$	$\frac{3}{5} \div \frac{2}{7}$	$\frac{22}{49}$	$\frac{1}{7} \div \frac{7}{9}$
$\frac{2}{6}$	$\frac{7}{6}$	$\frac{9}{16}$	$\frac{2}{16}$	$\frac{6}{6}$	$\frac{4}{6}$	$\frac{9}{10}$	$\frac{43}{49}$	$\frac{34}{49}$
🏁	$\frac{21}{16}$	$\frac{3}{4} \div \frac{4}{7}$	$\frac{8}{16}$	$\frac{1}{8} \div \frac{4}{6}$	$\frac{2}{3}$	$\frac{2}{9} \div \frac{1}{3}$	$\frac{10}{18}$	$\frac{1}{9} \div \frac{2}{7}$

Time: _____   23   Score: _____

$$\frac{3}{4} \div \frac{1}{2} \quad \frac{4}{9} \quad \frac{2}{6} \div \frac{3}{7} \quad \frac{3}{2} \quad \frac{6}{8} \div \frac{2}{4} \quad \frac{1}{5} \quad \frac{1}{2} \div \frac{5}{6} \quad \frac{4}{5} \quad \frac{4}{6} \div \frac{4}{5}$$

$$\frac{1}{8} \quad \frac{7}{9} \quad \frac{2}{9} \quad \frac{2}{20} \quad \frac{7}{20} \quad \frac{5}{5} \quad \frac{3}{5} \quad \frac{8}{9} \quad \frac{1}{9}$$

$$\frac{1}{2} \div \frac{4}{7} \quad \frac{1}{8} \quad \frac{5}{9} \div \frac{3}{4} \quad \frac{9}{20} \quad \frac{2}{8} \div \frac{5}{7} \quad \frac{5}{6} \quad \frac{1}{2} \div \frac{3}{5} \quad \frac{3}{9} \quad \frac{2}{9} \div \frac{1}{4}$$

$$\frac{3}{8} \quad \frac{7}{8} \quad \frac{2}{8} \quad \frac{5}{20} \quad \frac{1}{20} \quad \frac{20}{20} \quad \frac{1}{6} \quad \frac{6}{9} \quad \frac{14}{3}$$

$$\frac{3}{6} \div \frac{2}{5} \quad \frac{15}{8} \quad \frac{3}{4} \div \frac{2}{5} \quad \frac{4}{8} \quad \frac{2}{6} \div \frac{2}{4} \quad \frac{1}{3} \quad \frac{2}{8} \div \frac{2}{3} \quad \frac{3}{3} \quad \frac{2}{3} \div \frac{1}{7}$$

$$\frac{5}{4} \quad \frac{2}{8} \quad \frac{6}{8} \quad \frac{4}{8} \quad \frac{1}{9} \quad \frac{3}{9} \quad \frac{3}{5} \quad \frac{9}{28} \quad \frac{27}{28}$$

$$\frac{1}{1} \quad \frac{2}{3} \div \frac{4}{6} \quad \frac{1}{1} \quad \frac{2}{9} \div \frac{1}{5} \quad \frac{2}{9} \quad \frac{3}{5} \div \frac{4}{8} \quad \frac{21}{28} \quad \frac{3}{4} \div \frac{7}{9}$$

$$\frac{2}{7} \quad \frac{19}{25} \quad \frac{13}{25} \quad \frac{4}{25} \quad \frac{3}{6} \quad \frac{15}{16} \quad \frac{4}{16} \quad \frac{3}{16} \quad \frac{2}{28}$$

$$\frac{2}{7} \div \frac{1}{3} \quad \frac{3}{7} \quad \frac{1}{5} \div \frac{5}{8} \quad \frac{23}{25} \quad \frac{7}{8} \div \frac{3}{4} \quad \frac{6}{16} \quad \frac{1}{8} \div \frac{2}{3} \quad \frac{14}{16} \quad \frac{8}{9} \div \frac{2}{3}$$

$$\frac{1}{1} \quad \frac{1}{2} \quad \frac{4}{4} \quad \frac{3}{3} \quad \frac{2}{3} \quad \frac{1}{3} \quad \frac{3}{9} \quad \frac{1}{2} \quad \frac{2}{2}$$

$$\frac{3}{4} \div \frac{1}{8} \quad \frac{6}{1} \quad \frac{7}{8} \div \frac{3}{6} \quad \frac{7}{4} \quad \frac{2}{4} \div \frac{3}{8} \quad \frac{4}{3} \quad \frac{8}{9} \div \frac{2}{7} \quad \frac{28}{9} \quad \frac{1}{4} \div \frac{1}{2}$$

Time:

24

Score:

$\frac{6}{7}$	÷	$\frac{4}{7}$		$\frac{2}{2}$		$\frac{2}{5}$	÷	$\frac{6}{8}$		$\frac{1}{8}$		$\frac{3}{4}$	÷	$\frac{2}{3}$		$\frac{9}{8}$	
$\frac{1}{2}$		$\frac{3}{2}$		$\frac{6}{15}$		$\frac{5}{8}$		$\frac{14}{9}$		$\frac{7}{8}$		$\frac{4}{5}$		$\frac{1}{6}$		$\frac{2}{6}$	

$\frac{3}{6}$ $\frac{2}{4} \div \frac{3}{5}$

| $\frac{1}{3}$ | ÷ | $\frac{1}{7}$ | | $\frac{4}{5}$ | | $\frac{5}{6}$ | ÷ | $\frac{3}{6}$ | | $\frac{2}{3}$ | | $\frac{2}{3}$ | ÷ | $\frac{3}{7}$ | | $\frac{7}{9}$ | |
| $\frac{2}{4}$ | ÷ | $\frac{5}{6}$ | | $\frac{1}{5}$ | | $\frac{2}{4}$ | ÷ | $\frac{2}{5}$ | |

| $\frac{1}{5}$ | | $\frac{5}{3}$ | | $\frac{4}{5}$ | | $\frac{6}{8}$ | | $\frac{7}{8}$ | | $\frac{3}{5}$ | | $\frac{3}{5}$ | | $\frac{3}{5}$ | | $\frac{1}{4}$ | |

| $\frac{4}{5}$ | ÷ | $\frac{2}{6}$ | | $\frac{12}{5}$ | | $\frac{3}{5}$ | ÷ | $\frac{1}{6}$ | | $\frac{2}{5}$ | | $\frac{1}{2}$ | ÷ | $\frac{4}{7}$ | | $\frac{8}{8}$ | | $\frac{1}{2}$ | ÷ | $\frac{1}{4}$ | | $\frac{2}{3}$ | | $\frac{2}{6}$ | ÷ | $\frac{1}{5}$ |

| $\frac{2}{5}$ | | $\frac{3}{3}$ | | $\frac{18}{5}$ | | $\frac{3}{8}$ | | $\frac{1}{4}$ | | $\frac{8}{7}$ | | $\frac{4}{7}$ | | $\frac{5}{3}$ | | $\frac{3}{2}$ | |

| $\frac{2}{3}$ | ÷ | $\frac{3}{8}$ | | $\frac{3}{3}$ | | $\frac{1}{3}$ | ÷ | $\frac{1}{2}$ | | $\frac{2}{3}$ | | $\frac{2}{8}$ | ÷ | $\frac{2}{6}$ | | $\frac{2}{4}$ | | $\frac{6}{7}$ | ÷ | $\frac{3}{4}$ | | $\frac{3}{7}$ | | $\frac{1}{2}$ | ÷ | $\frac{1}{3}$ |

| $\frac{3}{9}$ | | $\frac{1}{4}$ | | $\frac{1}{3}$ | | $\frac{14}{35}$ | | $\frac{3}{4}$ | | $\frac{3}{35}$ | | $\frac{1}{7}$ | | $\frac{4}{5}$ | | $\frac{2}{5}$ | |

| $\frac{1}{5}$ | ÷ | $\frac{2}{6}$ | | $\frac{4}{5}$ | ÷ | $\frac{6}{8}$ | | $\frac{1}{2}$ | ÷ | $\frac{9}{35}$ | | $\frac{2}{5}$ | ÷ | $\frac{7}{9}$ | | $\frac{10}{35}$ | | $\frac{4}{8}$ | ÷ | $\frac{1}{2}$ | | $\frac{1}{1}$ | | $\frac{1}{3}$ | ÷ | $\frac{5}{6}$ |

| $\frac{4}{5}$ | | $\frac{4}{5}$ | | $\frac{1}{2}$ | | $\frac{7}{35}$ | | $\frac{18}{35}$ | | $\frac{4}{35}$ | | $\frac{18}{25}$ | | $\frac{3}{25}$ | | $\frac{3}{5}$ | |

| $\frac{3}{8}$ | ÷ | $\frac{5}{7}$ | | $\frac{8}{40}$ | | $\frac{2}{3}$ | ÷ | $\frac{1}{3}$ | | $\frac{4}{4}$ | | $\frac{1}{8}$ | ÷ | $\frac{1}{2}$ | | $\frac{1}{4}$ | | $\frac{2}{5}$ | ÷ | $\frac{5}{9}$ | | $\frac{7}{25}$ | | $\frac{1}{6}$ | ÷ | $\frac{6}{7}$ |

Time: 25   Score:

$$\frac{4}{6} \div \frac{2}{3} \quad \frac{1}{7} \quad \frac{1}{7} \div \frac{1}{6} \quad \frac{6}{7} \quad \frac{5}{7} \div \frac{2}{9} \quad \frac{8}{14} \quad \frac{4}{6} \div \frac{1}{7} \quad \frac{14}{3} \quad \frac{1}{2} \div \frac{1}{5}$$

$$\frac{3}{3} \qquad \frac{2}{7} \qquad \frac{5}{6} \qquad \frac{1}{7} \qquad \frac{45}{14} \qquad \frac{6}{7} \qquad \frac{1}{2} \qquad \frac{1}{3} \qquad \frac{5}{2}$$

$$\frac{1}{3} \div \frac{2}{4} \quad \frac{2}{6} \quad \frac{1}{3} \div \frac{2}{5} \quad \frac{3}{6} \quad \frac{3}{8} \div \frac{7}{8} \quad \frac{3}{7} \quad \frac{1}{8} \div \frac{2}{8} \quad \frac{2}{2} \quad \frac{1}{4} \div \frac{5}{7}$$

$$\frac{16}{20} \qquad \frac{9}{10} \qquad \frac{3}{10} \qquad \frac{7}{10} \qquad \frac{7}{7} \qquad \frac{7}{7} \qquad \frac{1}{5} \qquad \frac{1}{20} \qquad \frac{7}{20}$$

$$\frac{7}{8} \div \frac{5}{6} \quad \frac{9}{10} \quad \frac{1}{5} \div \frac{6}{9} \quad \frac{7}{10} \quad \frac{4}{5} \div \frac{1}{7} \quad \frac{1}{4} \quad \frac{1}{2} \div \frac{4}{6} \quad \frac{1}{2} \quad \frac{1}{3} \div \frac{2}{3}$$

$$\frac{8}{14} \qquad \frac{6}{10} \qquad \frac{1}{10} \qquad \frac{1}{2} \qquad \frac{2}{3} \qquad \frac{1}{3} \qquad \frac{3}{4} \qquad \frac{4}{5} \qquad \frac{6}{9}$$

$$\frac{3}{7} \div \frac{6}{9} \quad \frac{1}{3} \quad \frac{2}{3} \div \frac{1}{2} \quad \frac{2}{2} \quad \frac{1}{4} \div \frac{4}{8} \quad \frac{1}{7} \quad \frac{6}{7} \div \frac{2}{6} \quad \frac{18}{7} \quad \frac{4}{9} \div \frac{2}{5}$$

$$\frac{2}{15} \qquad \frac{1}{9} \qquad \frac{1}{9} \qquad \frac{2}{9} \qquad \frac{3}{8} \qquad \frac{2}{4} \qquad \frac{2}{7} \qquad \frac{3}{4} \qquad \frac{10}{9}$$

$$\frac{1}{3} \div \frac{5}{8} \quad \frac{6}{9} \quad \frac{2}{3} \div \frac{3}{7} \quad \frac{5}{8} \quad \frac{1}{4} \div \frac{4}{6} \quad \frac{1}{4} \quad \frac{1}{7} \div \frac{4}{7} \quad \frac{3}{4}$$

$$\frac{3}{3} \qquad \frac{2}{3} \qquad \frac{9}{9} \qquad \frac{2}{6} \qquad \frac{6}{6} \qquad \frac{2}{6} \qquad \frac{4}{5} \qquad \frac{3}{1} \qquad \frac{1}{3}$$

$$\frac{2}{3} \div \frac{1}{2} \quad \frac{9}{9} \quad \frac{1}{3} \div \frac{3}{4} \quad \frac{3}{6} \quad \frac{1}{9} \div \frac{4}{6} \quad \frac{2}{8} \quad \frac{3}{8} \div \frac{3}{5} \quad \frac{1}{1} \quad \frac{2}{3} \div \frac{2}{9}$$

$$\frac{1}{3} \div \frac{1}{3} \quad \frac{1}{9} \quad \frac{6}{9} \div \frac{3}{4} \quad \frac{3}{3} \quad \frac{5}{7} \div \frac{3}{7} \quad \frac{1}{1} \quad \frac{3}{6} \div \frac{1}{4} \quad \frac{2}{20} \quad \frac{3}{5} \div \frac{4}{9}$$

$$\frac{1}{1} \quad \frac{1}{2} \quad \frac{2}{2} \quad \frac{3}{5} \quad \frac{4}{4} \quad \frac{3}{4} \quad \frac{2}{1} \quad \frac{9}{14} \quad \frac{8}{14}$$

$$\frac{3}{6} \div \frac{1}{6} \quad \frac{3}{1} \quad \frac{6}{8} \div \frac{1}{2} \quad \frac{3}{2} \quad \frac{1}{2} \div \frac{4}{6} \quad \frac{2}{18} \quad \frac{1}{6} \div \frac{3}{5} \quad \frac{5}{18} \quad \frac{1}{7} \div \frac{2}{3}$$

$$\frac{5}{9} \quad \frac{21}{20} \quad \frac{11}{20} \quad \frac{5}{20} \quad \frac{1}{4} \quad \frac{2}{4} \quad \frac{13}{18} \quad \frac{13}{14} \quad \frac{3}{14}$$

$$\frac{4}{9} \div \frac{2}{5} \quad \frac{10}{9} \quad \frac{3}{4} \div \frac{5}{7} \quad \frac{3}{20} \quad \text{⚑} \quad \frac{8}{15} \quad \frac{2}{5} \div \frac{6}{8} \quad \frac{2}{3} \quad \frac{1}{3} \div \frac{2}{4}$$

$$\frac{21}{10} \quad \frac{3}{10} \quad \frac{14}{20} \quad \frac{4}{20} \quad \frac{2}{8} \quad \frac{11}{15} \quad \frac{2}{15} \quad \frac{12}{15} \quad \frac{3}{3}$$

$$\frac{3}{5} \div \frac{2}{7} \quad \frac{6}{10} \quad \frac{1}{6} \div \frac{7}{9} \quad \frac{6}{8} \quad \frac{3}{4} \div \frac{2}{5} \quad \frac{2}{2} \quad \frac{1}{2} \div \frac{1}{7} \quad \frac{1}{1} \quad \frac{2}{3} \div \frac{1}{3}$$

$$\frac{9}{10} \quad \frac{7}{3} \quad \frac{2}{3} \quad \frac{2}{3} \quad \frac{4}{5} \quad \frac{4}{7} \quad \frac{3}{7} \quad \frac{5}{7} \quad \frac{5}{5}$$

$$\frac{3}{5} \div \frac{3}{6} \quad \frac{1}{3} \quad \frac{2}{6} \div \frac{1}{7} \quad \frac{2}{5} \quad \frac{3}{5} \div \frac{1}{2} \quad \frac{4}{7} \quad \frac{3}{4} \div \frac{7}{8} \quad \frac{4}{5} \quad \frac{2}{3} \div \frac{5}{6}$$

$$\frac{1}{5} \quad \frac{3}{3} \quad \frac{3}{3} \quad \frac{16}{25} \quad \frac{24}{25} \quad \frac{2}{7} \quad \frac{6}{7} \quad \frac{4}{9} \quad \frac{10}{9}$$

$$\frac{7}{8} \div \frac{5}{8} \quad \frac{1}{2} \quad \frac{2}{8} \div \frac{1}{2} \quad \frac{25}{25} \quad \frac{2}{5} \div \frac{5}{8} \quad \frac{7}{6} \quad \frac{1}{3} \div \frac{2}{7} \quad \frac{5}{9} \quad \frac{5}{9} \div \frac{2}{4}$$

$\frac{7}{9} \div \frac{5}{8}$	$\frac{22}{45}$	$\frac{1}{2} \div \frac{3}{9}$	$\frac{1}{2}$	$\frac{3}{7} \div \frac{6}{7}$	$\frac{1}{2}$	$\frac{1}{6} \div \frac{4}{5}$	$\frac{7}{24}$	$\frac{8}{9} \div \frac{3}{6}$
$\frac{9}{9}$	$\frac{4}{9}$	$\frac{5}{16}$	$\frac{7}{9}$	$\frac{7}{9}$	$\frac{9}{9}$	$\frac{14}{14}$	$\frac{1}{3}$	$\frac{3}{3}$
$\frac{1}{9} \div \frac{1}{5}$	$\frac{3}{9}$	$\frac{1}{4} \div \frac{4}{5}$	$\frac{9}{9}$	$\frac{2}{3} \div \frac{3}{4}$	$\frac{5}{9}$	$\frac{3}{7} \div \frac{2}{3}$	$\frac{7}{14}$	$\frac{1}{4} \div \frac{6}{8}$
$\frac{1}{7}$	$\frac{15}{27}$	$\frac{6}{27}$	$\frac{10}{27}$	$\frac{8}{9}$	$\frac{4}{9}$	$\frac{6}{7}$	$\frac{2}{7}$	$\frac{3}{3}$
$\frac{3}{7} \div \frac{3}{6}$	$\frac{23}{27}$	$\frac{2}{9} \div \frac{3}{5}$	$\frac{5}{27}$	$\frac{1}{6} \div \frac{5}{7}$	$\frac{7}{30}$	$\frac{6}{7} \div \frac{2}{3}$	$\frac{9}{7}$	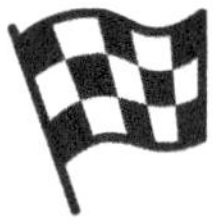
$\frac{3}{4}$	$\frac{3}{2}$	$\frac{1}{5}$	$\frac{4}{5}$	$\frac{2}{4}$	$\frac{4}{4}$	$\frac{1}{1}$	$\frac{9}{9}$	$\frac{7}{9}$
$\frac{1}{2} \div \frac{1}{3}$	$\frac{4}{15}$	$\frac{2}{9} \div \frac{5}{6}$	$\frac{3}{4}$	$\frac{3}{8} \div \frac{2}{4}$	$\frac{2}{1}$	$\frac{3}{4} \div \frac{3}{8}$	$\frac{8}{9}$	$\frac{4}{6} \div \frac{3}{4}$
$\frac{1}{3}$	$\frac{1}{3}$	$\frac{7}{15}$	$\frac{1}{4}$	$\frac{1}{7}$	$\frac{1}{5}$	$\frac{3}{5}$	$\frac{2}{5}$	$\frac{1}{6}$
$\frac{2}{4} \div \frac{1}{7}$	$\frac{1}{2}$	$\frac{1}{9} \div \frac{5}{7}$	$\frac{5}{7}$	$\frac{5}{7} \div \frac{3}{6}$	$\frac{10}{7}$	$\frac{4}{5} \div \frac{1}{3}$	$\frac{2}{5}$	$\frac{1}{8} \div \frac{3}{4}$
$\frac{2}{8}$	$\frac{4}{8}$	$\frac{3}{5}$	$\frac{1}{3}$	$\frac{4}{3}$	$\frac{3}{5}$	$\frac{12}{5}$	$\frac{1}{2}$	$\frac{1}{1}$
$\frac{5}{8} \div \frac{1}{7}$	$\frac{35}{8}$	$\frac{3}{5} \div \frac{2}{4}$	$\frac{6}{5}$	$\frac{4}{7} \div \frac{3}{7}$	$\frac{3}{3}$	$\frac{2}{3} \div \frac{1}{4}$	$\frac{8}{3}$	$\frac{4}{6} \div \frac{4}{6}$

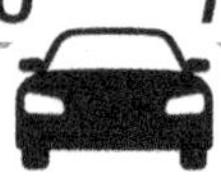

Time:

Score:

$$\frac{3}{6} \div \frac{4}{9} \quad \frac{2}{1} \quad \frac{2}{3} \div \frac{1}{3} \quad \frac{2}{3} \quad \frac{4}{9} \div \frac{1}{3} \quad \frac{7}{3} \quad \frac{2}{3} \div \frac{2}{7} \quad \frac{7}{6} \quad \frac{4}{8} \div \frac{3}{7}$$

$$\frac{9}{8} \quad \frac{2}{5} \quad \frac{2}{9} \quad \frac{6}{9} \quad \frac{1}{3} \quad \frac{4}{3} \quad \frac{3}{14} \quad \frac{1}{27} \quad \frac{2}{6}$$

$$\frac{8}{9} \quad \frac{1}{9} \div \frac{3}{6} \quad \frac{2}{16} \quad \frac{1}{4} \div \frac{4}{5} \quad \frac{2}{27} \quad \frac{8}{9} \div \frac{6}{7} \quad \frac{25}{27} \quad \frac{4}{6} \div \frac{7}{8}$$

$$\frac{1}{1} \quad \frac{7}{9} \quad \frac{9}{20} \quad \frac{8}{9} \quad \frac{4}{4} \quad \frac{20}{27} \quad \frac{4}{9} \quad \frac{28}{27} \quad \frac{3}{7}$$

$$\frac{3}{5} \div \frac{3}{5} \quad \frac{1}{20} \quad \frac{3}{8} \div \frac{5}{6} \quad \frac{8}{3} \quad \frac{6}{9} \div \frac{2}{8} \quad \frac{1}{3} \quad \frac{2}{3} \div \frac{2}{6} \quad \frac{4}{7} \quad \frac{5}{7} \div \frac{1}{2}$$

$$\frac{1}{1} \quad \frac{7}{21} \quad \frac{1}{4} \quad \frac{7}{4} \quad \frac{2}{4} \quad \frac{22}{27} \quad \frac{23}{27} \quad \frac{10}{7} \quad \frac{2}{7}$$

$$\frac{2}{6} \div \frac{2}{3} \quad \frac{1}{4} \quad \frac{7}{8} \div \frac{2}{4} \quad \frac{3}{4} \quad \frac{1}{9} \div \frac{1}{4} \quad \frac{25}{27} \quad \frac{7}{9} \div \frac{3}{5} \quad \frac{2}{27} \quad \frac{1}{2} \div \frac{4}{9}$$

$$\frac{2}{2} \quad \frac{1}{4} \quad \frac{3}{4} \quad \frac{28}{27} \quad \frac{3}{7} \quad \frac{15}{27} \quad \frac{35}{27} \quad \frac{1}{27} \quad \frac{4}{7}$$

$$\frac{1}{3} \div \frac{2}{5} \quad \frac{5}{5} \div \frac{1}{6} \quad \frac{5}{6} \div \frac{11}{27} \quad \frac{7}{9} \div \frac{6}{8} \quad \frac{15}{27} \quad \frac{6}{7} \div \frac{4}{5} \quad \frac{15}{14} \quad \frac{5}{9} \div \frac{7}{9}$$

$$\frac{4}{6} \quad \frac{4}{6} \quad \frac{1}{5} \quad \frac{13}{27} \quad \frac{12}{7} \quad \frac{4}{7} \quad \frac{5}{14} \quad \frac{5}{7} \quad \frac{6}{7}$$

$$\frac{1}{4} \div \frac{1}{5} \quad \frac{2}{4} \quad \frac{1}{2} \div \frac{4}{6} \quad \frac{6}{7} \quad \frac{3}{7} \div \frac{1}{4} \quad \frac{32}{15} \quad \frac{4}{5} \div \frac{3}{8} \quad \frac{4}{15} \quad \frac{5}{8} \div \frac{7}{9}$$

Time: **29**   Score:

$\frac{2}{8} \div \frac{1}{2}$ $\frac{4}{9}$ $\frac{4}{9} \div \frac{2}{4}$ $\frac{8}{9}$ $\frac{2}{5} \div \frac{1}{4}$ $\frac{8}{5}$ $\frac{3}{5} \div \frac{2}{6}$ $\frac{1}{5}$ $\frac{2}{7} \div \frac{1}{3}$

$\frac{4}{5}$ $\frac{3}{5}$ $\frac{7}{9}$ $\frac{12}{15}$ $\frac{2}{5}$ $\frac{9}{5}$ $\frac{5}{5}$ $\frac{2}{5}$ $\frac{2}{5}$

$\frac{2}{5} \div \frac{6}{9}$ $\frac{5}{5}$ $\frac{1}{6} \div \frac{7}{9}$ $\frac{6}{15}$ $\frac{1}{5} \div \frac{6}{8}$ $\frac{4}{15}$ $\frac{4}{8} \div \frac{8}{9}$ $\frac{13}{16}$ $\frac{3}{5} \div \frac{4}{8}$

$\frac{2}{5}$ $\frac{1}{16}$ $\frac{13}{16}$ $\frac{14}{16}$ $\frac{14}{15}$ $\frac{11}{15}$ $\frac{9}{16}$ $\frac{9}{9}$ $\frac{9}{12}$

$\frac{1}{5} \div \frac{1}{2}$ $\frac{27}{16}$ $\frac{3}{4} \div \frac{4}{9}$ $\frac{16}{16}$ $\frac{1}{2} \div \frac{3}{6}$ $\frac{5}{9}$ $\frac{6}{9} \div \frac{3}{4}$ $\frac{3}{9}$ $\frac{2}{6} \div \frac{4}{5}$

$\frac{1}{5}$ $\frac{2}{16}$ $\frac{6}{5}$ $\frac{13}{15}$ $\frac{10}{15}$ $\frac{4}{15}$ $\frac{3}{9}$ $\frac{8}{9}$ $\frac{6}{6}$

$\frac{3}{4} \div \frac{3}{9}$ $\frac{1}{5}$ $\frac{3}{5} \div \frac{2}{4}$ $\frac{8}{15}$ $\frac{2}{5} \div \frac{3}{4}$ $\frac{5}{15}$ $\frac{5}{8} \div \frac{3}{6}$ $\frac{5}{6}$ $\frac{2}{4} \div \frac{3}{5}$

$\frac{1}{2}$ $\frac{2}{5}$ $\frac{1}{5}$ $\frac{4}{5}$ $\frac{11}{15}$ $\frac{2}{15}$ $\frac{5}{4}$ $\frac{6}{7}$ $\frac{4}{6}$

$\frac{3}{5} \div \frac{2}{5}$ $\frac{1}{2}$ $\frac{2}{5} \div \frac{1}{2}$ $\frac{3}{5}$ $\frac{2}{9} \div \frac{1}{5}$ $\frac{2}{7}$ $\frac{6}{7} \div \frac{1}{2}$ $\frac{12}{7}$ $\frac{7}{9} \div \frac{8}{9}$

$\frac{1}{2}$ $\frac{7}{2}$ $\frac{25}{25}$ $\frac{3}{5}$ $\frac{1}{2}$ $\frac{5}{7}$ $\frac{3}{7}$ $\frac{4}{7}$ $\frac{7}{8}$

$\frac{1}{2} \div \frac{1}{7}$ $\frac{2}{2}$ $\frac{4}{5} \div \frac{5}{6}$ $\frac{16}{25}$ $\frac{1}{2} \div \frac{1}{3}$ $\frac{1}{2}$ $\frac{6}{8} \div \frac{1}{5}$ $\frac{2}{4}$

$\frac{2}{3} \div \frac{1}{3}$ | $\frac{8}{8}$ | $\frac{2}{8} \div \frac{2}{3}$ | $\frac{2}{3}$ | $\frac{1}{3} \div \frac{1}{2}$ | $\frac{7}{24}$ | $\frac{2}{8} \div \frac{6}{7}$ | $\frac{18}{24}$ | $\frac{2}{9} \div \frac{6}{8}$

$\frac{2}{5}$ | $\frac{3}{8}$ | $\frac{1}{8}$ | $\frac{6}{10}$ | $\frac{5}{10}$ | $\frac{9}{10}$ | $\frac{5}{24}$ | $\frac{2}{24}$ | $\frac{5}{10}$

$\frac{3}{5} \div \frac{2}{4}$ | $\frac{1}{5}$ | $\frac{4}{9} \div \frac{1}{3}$ | $\frac{4}{10}$ | $\frac{3}{4} \div \frac{5}{6}$ | $\frac{1}{10}$ | $\frac{1}{3} \div \frac{1}{2}$ | $\frac{3}{10}$ | $\frac{3}{5} \div \frac{6}{7}$

$\frac{6}{5}$ | $\frac{4}{5}$ | $\frac{1}{4}$ | $\frac{3}{10}$ | $\frac{3}{6}$ | $\frac{4}{3}$ | $\frac{1}{3}$ | $\frac{2}{3}$ | $\frac{5}{8}$

$\frac{1}{2} \div \frac{1}{8}$ | $\frac{1}{1}$ | $\frac{1}{4} \div \frac{1}{7}$ | $\frac{7}{6}$ | $\frac{3}{9} \div \frac{2}{7}$ | $\frac{3}{3}$ | $\frac{2}{3} \div \frac{2}{4}$ | $\frac{2}{8}$ | $\frac{7}{8} \div \frac{1}{7}$

$\frac{4}{1}$ | $\frac{18}{24}$ | $\frac{7}{4}$ | $\frac{23}{32}$ | $\frac{9}{32}$ | $\frac{13}{32}$ | $\frac{14}{9}$ | $\frac{22}{40}$ | $\frac{32}{40}$

$\frac{1}{8} \div \frac{3}{5}$ | $\frac{20}{24}$ | 🏁 | $\frac{25}{32}$ | $\frac{1}{8} \div \frac{4}{9}$ | $\frac{1}{9}$ | $\frac{7}{9} \div \frac{4}{8}$ | $\frac{9}{40}$ | $\frac{1}{5} \div \frac{8}{9}$

$\frac{1}{24}$ | $\frac{5}{24}$ | $\frac{1}{2}$ | $\frac{2}{1}$ | $\frac{29}{32}$ | $\frac{15}{32}$ | $\frac{4}{9}$ | $\frac{9}{2}$ | $\frac{21}{40}$

$\frac{6}{7} \div \frac{6}{7}$ | $\frac{1}{1}$ | $\frac{1}{2} \div \frac{1}{4}$ | $\frac{1}{2}$ | $\frac{2}{3} \div \frac{1}{3}$ | $\frac{1}{2}$ | $\frac{3}{4} \div \frac{1}{6}$ | $\frac{1}{3}$ | $\frac{1}{3} \div \frac{1}{2}$

$\frac{2}{3}$ | $\frac{1}{3}$ | $\frac{3}{21}$ | $\frac{1}{12}$ | $\frac{1}{12}$ | $\frac{8}{12}$ | $\frac{5}{6}$ | $\frac{2}{2}$ | $\frac{1}{3}$

$\frac{1}{6} \div \frac{1}{2}$ | $\frac{8}{21}$ | $\frac{5}{7} \div \frac{3}{4}$ | $\frac{5}{12}$ | $\frac{4}{8} \div \frac{6}{7}$ | $\frac{1}{6}$ | $\frac{1}{3} \div \frac{2}{5}$ | $\frac{4}{3}$ | $\frac{2}{3} \div \frac{1}{2}$

$\frac{5}{7} \div \frac{5}{6}$	$\frac{1}{7}$	$\frac{3}{6} \div \frac{1}{9}$	$\frac{1}{2}$	$\frac{2}{6} \div \frac{2}{7}$	$\frac{2}{6}$	$\frac{3}{4} \div \frac{1}{4}$	$\frac{1}{1}$	$\frac{4}{5} \div \frac{4}{5}$
$\frac{4}{7}$	$\frac{6}{7}$	$\frac{2}{8}$	$\frac{4}{8}$	$\frac{1}{6}$	$\frac{5}{6}$	$\frac{1}{1}$	$\frac{1}{1}$	$\frac{1}{1}$
$\frac{3}{5} \div \frac{4}{9}$	$\frac{1}{8}$	$\frac{1}{2} \div \frac{4}{5}$	$\frac{2}{8}$	$\frac{4}{7} \div \frac{4}{5}$	$\frac{6}{7}$		$\frac{5}{16}$	$\frac{1}{8} \div \frac{2}{3}$
$\frac{9}{20}$	$\frac{8}{8}$	$\frac{5}{8}$	$\frac{7}{8}$	$\frac{12}{20}$	$\frac{17}{20}$	$\frac{4}{6}$	$\frac{3}{1}$	$\frac{15}{16}$
$\frac{3}{6} \div \frac{2}{5}$	$\frac{2}{3} \div \frac{2}{6}$	$\frac{1}{4} \div \frac{4}{3}$	$\frac{1}{8} \div \frac{5}{6}$	$\frac{17}{20}$	$\frac{7}{9} \div \frac{2}{3}$	$\frac{1}{1}$	$\frac{1}{2} \div \frac{1}{6}$	
$\frac{1}{1}$	$\frac{1}{4}$	$\frac{1}{3}$	$\frac{6}{20}$	$\frac{14}{20}$	$\frac{3}{20}$	$\frac{32}{48}$	$\frac{39}{48}$	$\frac{7}{4}$
$\frac{4}{8} \div \frac{1}{8}$	$\frac{5}{3} \div \frac{4}{8}$	$\frac{1}{1}$	$\frac{1}{4} \div \frac{2}{8}$	$\frac{7}{48}$	$\frac{1}{8} \div \frac{6}{7}$	$\frac{4}{48}$	$\frac{1}{4} \div \frac{1}{7}$	
$\frac{4}{1}$	$\frac{5}{8}$	$\frac{1}{3}$	$\frac{20}{21}$	$\frac{2}{3}$	$\frac{31}{48}$	$\frac{14}{48}$	$\frac{27}{48}$	$\frac{12}{5}$
$\frac{3}{4} \div \frac{4}{6}$	$\frac{9}{8} \div \frac{1}{6}$	$\frac{3}{8} \div \frac{4}{9}$	$\frac{6}{9} \div \frac{7}{8}$	$\frac{16}{21}$	$\frac{5}{8} \div \frac{1}{2}$	$\frac{2}{4}$	$\frac{2}{5} \div \frac{1}{6}$	
$\frac{2}{8}$	$\frac{2}{8}$	$\frac{7}{9}$	$\frac{13}{21}$	$\frac{6}{21}$	$\frac{13}{21}$	$\frac{5}{4}$	$\frac{32}{35}$	$\frac{1}{1}$
$\frac{3}{9} \div \frac{4}{9}$	$\frac{3}{4} \div \frac{4}{5}$	$\frac{1}{6}$	$\frac{5}{5}$	$\frac{2}{3} \div \frac{1}{3}$	$\frac{2}{35}$	$\frac{1}{7} \div \frac{5}{9}$	$\frac{9}{35}$	$\frac{6}{9} \div \frac{2}{3}$

$\frac{2}{3} \div \frac{4}{5}$ $\frac{1}{12}$ $\frac{3}{6} \div \frac{6}{7}$ $\frac{1}{3}$ $\frac{4}{6} \div \frac{1}{2}$ $\frac{2}{5}$ $\frac{6}{9} \div \frac{5}{6}$ $\frac{3}{14}$ $\frac{1}{6} \div \frac{7}{9}$

$\frac{5}{9}$ $\frac{7}{9}$ $\frac{3}{7}$ $\frac{1}{4}$ $\frac{2}{4}$ $\frac{3}{4}$ $\frac{7}{10}$ $\frac{6}{7}$ $\frac{6}{7}$

$\frac{4}{9} \div \frac{2}{4}$ $\frac{3}{7}$ $\frac{6}{7} \div \frac{1}{6}$ $\frac{2}{4}$ $\frac{6}{8} \div \frac{3}{5}$ $\frac{1}{4}$ $\frac{2}{5} \div \frac{4}{7}$ $\frac{5}{7}$ $\frac{2}{7} \div \frac{1}{3}$

$\frac{1}{6}$ $\frac{3}{4}$ $\frac{1}{4}$ $\frac{5}{4}$ $\frac{20}{9}$ $\frac{17}{18}$ $\frac{1}{18}$ $\frac{16}{18}$ $\frac{2}{3}$

$\frac{1}{2} \div \frac{3}{5}$ $\frac{4}{4}$ $\frac{1}{2} \div \frac{2}{9}$ $\frac{4}{9} \div \frac{1}{5}$ $\frac{7}{18}$ $\frac{2}{9} \div \frac{4}{7}$ $\frac{12}{18}$ $\frac{5}{6} \div \frac{2}{4}$

$\frac{12}{27}$ $\frac{11}{27}$ $\frac{9}{4}$ $\frac{12}{21}$ $\frac{14}{21}$ $\frac{3}{18}$ $\frac{2}{18}$ $\frac{8}{21}$ $\frac{13}{21}$

$\frac{4}{9} \div \frac{3}{8}$ $\frac{8}{9}$ $\frac{6}{9} \div \frac{3}{4}$ $\frac{5}{9}$ $\frac{6}{9} \div \frac{7}{8}$ $\frac{9}{21}$ $\frac{2}{9} \div \frac{6}{8}$ $\frac{6}{21}$ $\frac{2}{7} \div \frac{3}{4}$

$\frac{17}{27}$ $\frac{32}{27}$ $\frac{3}{9}$ $\frac{17}{21}$ $\frac{8}{3}$ $\frac{16}{21}$ $\frac{3}{3}$ $\frac{3}{21}$ $\frac{25}{7}$

🏁 $\frac{1}{9}$ $\frac{8}{9} \div \frac{4}{5}$ $\frac{10}{9}$ $\frac{2}{3} \div \frac{1}{4}$ $\frac{2}{3}$ $\frac{2}{3} \div \frac{3}{6}$ $\frac{6}{7}$ $\frac{5}{7} \div \frac{1}{5}$

$\frac{9}{20}$ $\frac{2}{9}$ $\frac{6}{9}$ $\frac{19}{35}$ $\frac{9}{35}$ $\frac{1}{3}$ $\frac{4}{3}$ $\frac{3}{8}$ $\frac{9}{8}$

$\frac{3}{8} \div \frac{5}{6}$ $\frac{1}{6}$ $\frac{1}{8} \div \frac{6}{8}$ $\frac{16}{35}$ $\frac{2}{5} \div \frac{7}{8}$ $\frac{2}{3}$ $\frac{1}{3} \div \frac{3}{6}$ $\frac{1}{8}$ $\frac{3}{4} \div \frac{6}{9}$

$$\frac{3}{6} \div \frac{4}{5} \quad \frac{5}{8} \quad \frac{3}{7} \div \frac{1}{4} \quad \frac{12}{7} \quad \frac{4}{9} \div \frac{1}{3} \quad \frac{4}{3} \quad \frac{1}{3} \div \frac{1}{3} \quad \frac{1}{3} \quad \frac{2}{3} \div \frac{3}{9}$$

$$\frac{7}{8} \qquad \frac{1}{8} \qquad \frac{1}{7} \qquad \frac{3}{3} \qquad \frac{3}{3} \qquad \frac{2}{3} \qquad \frac{1}{1} \qquad \frac{1}{6} \qquad \frac{1}{2}$$

$$\frac{2}{4} \div \frac{1}{5} \quad \frac{1}{2} \quad \frac{3}{4} \div \frac{1}{4} \quad \frac{1}{1} \quad \frac{1}{4} \div \frac{1}{4} \quad \frac{1}{1} \quad \frac{2}{4} \div \frac{3}{7} \quad \frac{1}{6} \quad \frac{3}{5} \div \frac{2}{9}$$

$$\frac{2}{2} \qquad \frac{1}{1} \qquad \frac{1}{1} \qquad \frac{2}{10} \qquad \frac{10}{10} \qquad \frac{7}{6} \qquad \frac{5}{6} \qquad \frac{4}{6} \qquad \frac{5}{10}$$

$$\frac{1}{3} \div \frac{3}{4} \quad \frac{4}{9} \quad \frac{3}{4} \div \frac{1}{2} \quad \frac{6}{10} \quad \frac{1}{2} \div \frac{5}{7} \quad \frac{8}{10} \quad \frac{2}{5} \div \frac{1}{4} \quad \frac{5}{5} \quad \frac{2}{3} \div \frac{1}{3}$$

$$\frac{4}{9} \qquad \frac{4}{15} \qquad \frac{1}{2} \qquad \frac{5}{10} \qquad \frac{7}{10} \qquad \frac{3}{10} \qquad \frac{2}{3} \qquad \frac{1}{1} \qquad \frac{1}{1}$$

$$\frac{1}{2} \div \frac{1}{6} \quad \frac{4}{15} \quad \frac{2}{6} \div \frac{5}{8} \quad \frac{14}{9} \quad \frac{7}{9} \div \frac{1}{2} \quad \frac{3}{9} \quad \frac{1}{3} \div \frac{1}{7} \quad \frac{7}{3}$$

$$\frac{1}{9} \qquad \frac{8}{15} \qquad \frac{9}{15} \qquad \frac{13}{15} \qquad \frac{8}{9} \qquad \frac{1}{4} \qquad \frac{2}{1} \qquad \frac{1}{5} \qquad \frac{3}{5}$$

$$\frac{1}{6} \div \frac{3}{4} \quad \frac{7}{9} \quad \frac{1}{4} \div \frac{1}{2} \quad \frac{5}{9} \quad \frac{6}{8} \div \frac{1}{3} \quad \frac{3}{4} \quad \frac{3}{6} \div \frac{1}{4} \quad \frac{8}{5} \quad \frac{4}{5} \div \frac{1}{2}$$

$$\frac{4}{9} \qquad \frac{2}{9} \qquad \frac{1}{2} \qquad \frac{3}{1} \qquad \frac{9}{4} \qquad \frac{3}{3} \qquad \frac{1}{3} \qquad \frac{2}{3} \qquad \frac{27}{14}$$

$$\frac{6}{7} \div \frac{4}{6} \quad \frac{4}{7} \quad \frac{2}{3} \div \frac{2}{9} \quad \frac{1}{1} \quad \frac{3}{6} \div \frac{6}{7} \quad \frac{7}{12} \quad \frac{6}{9} \div \frac{3}{6} \quad \frac{4}{3} \quad \frac{3}{7} \div \frac{2}{9}$$

$$\frac{1}{6} \div \frac{1}{5} \quad \frac{5}{6} \quad \frac{4}{5} \div \frac{1}{2} \quad \frac{3}{5} \quad \frac{1}{4} \div \frac{2}{4} \quad \frac{1}{2} \quad \frac{2}{5} \div \frac{6}{8} \quad \frac{7}{15} \quad \frac{1}{2} \div \frac{2}{7}$$

$$\frac{1}{6} \qquad \frac{6}{6} \qquad \frac{8}{5} \qquad \frac{2}{21} \qquad \frac{1}{2} \qquad \frac{2}{2} \qquad \frac{12}{15} \qquad \frac{1}{4} \qquad \frac{4}{4}$$

$$\frac{2}{3} \div \frac{4}{8} \quad \frac{13}{21} \quad \frac{4}{7} \div \frac{6}{8} \quad \frac{18}{21} \quad \frac{4}{5} \div \frac{3}{7} \quad \frac{15}{15} \quad \frac{5}{7} \div \frac{3}{4} \quad \frac{6}{21} \quad \frac{6}{7} \div \frac{1}{6}$$

$$\frac{2}{7} \qquad \frac{16}{21} \qquad \frac{1}{21} \qquad \frac{8}{21} \qquad \frac{15}{15} \qquad \frac{19}{21} \qquad \frac{1}{6} \qquad \frac{19}{21} \qquad \frac{3}{3}$$

$$\frac{5}{7} \div \frac{3}{6} \quad \frac{4}{7} \quad \frac{1}{7} \div \frac{5}{8} \quad \frac{13}{35} \quad \text{[flag]} \quad \frac{5}{6} \quad \frac{4}{6} \div \frac{4}{5} \quad \frac{5}{3} \quad \frac{5}{9} \div \frac{1}{3}$$

$$\frac{1}{1} \qquad \frac{10}{7} \qquad \frac{3}{9} \qquad \frac{5}{9} \qquad \frac{10}{16} \qquad \frac{4}{6} \qquad \frac{2}{6} \qquad \frac{1}{6} \qquad \frac{3}{2}$$

$$\frac{1}{3} \div \frac{1}{6} \quad \frac{16}{9} \quad \frac{8}{9} \div \frac{1}{2} \quad \frac{7}{9} \quad \frac{3}{6} \div \frac{8}{9} \quad \frac{3}{6} \quad \frac{5}{8} \div \frac{6}{8} \quad \frac{5}{6} \quad \frac{3}{4} \div \frac{2}{4}$$

$$\frac{2}{1} \qquad \frac{8}{9} \qquad \frac{8}{9} \qquad \frac{7}{9} \qquad \frac{2}{6} \qquad \frac{4}{6} \qquad \frac{26}{35} \qquad \frac{4}{3} \qquad \frac{3}{3}$$

$$\frac{6}{9} \div \frac{1}{2} \quad \frac{1}{3} \div \frac{1}{2} \quad \frac{4}{6} \quad \frac{3}{6} \quad \frac{5}{6} \div \frac{1}{5} \quad \frac{4}{6} \quad \frac{4}{7} \div \frac{5}{8} \quad \frac{32}{35} \quad \frac{4}{8} \div \frac{3}{8}$$

$$\frac{2}{3} \qquad \frac{4}{3} \qquad \frac{4}{4} \qquad \frac{9}{4} \qquad \frac{25}{6} \qquad \frac{2}{6} \qquad \frac{49}{40} \qquad \frac{6}{40} \qquad \frac{1}{3}$$

$$\frac{3}{6} \div \frac{2}{6} \quad \frac{2}{4} \quad \frac{1}{2} \div \frac{2}{9} \quad \frac{1}{4} \quad \frac{3}{6} \div \frac{2}{3} \quad \frac{3}{4} \quad \frac{7}{8} \div \frac{5}{7} \quad \frac{23}{40} \quad \frac{6}{7} \div \frac{1}{2}$$

$$\frac{8}{9} \div \frac{1}{2} \quad \frac{16}{9} \quad \frac{3}{5} \div \frac{1}{7} \quad \frac{21}{5} \quad \frac{5}{6} \div \frac{6}{8} \quad \frac{7}{9} \quad \frac{4}{8} \div \frac{1}{4} \quad \frac{1}{1} \quad \frac{5}{6} \div \frac{3}{4}$$

$$\frac{6}{9} \quad \frac{10}{21} \quad \frac{2}{5} \quad \frac{10}{9} \quad \frac{5}{9} \quad \frac{8}{9} \quad \frac{1}{1} \quad \frac{1}{4} \quad \frac{2}{9}$$

$$\frac{5}{7} \div \frac{1}{4} \quad \frac{12}{21} \quad \frac{2}{7} \div \frac{6}{8} \quad \frac{8}{21} \quad \frac{2}{6} \div \frac{1}{3} \quad \frac{1}{2} \quad \frac{5}{6} \div \frac{1}{6} \quad \frac{1}{2} \quad \frac{6}{9} \div \frac{1}{3}$$

$$\frac{7}{7} \quad \frac{13}{21} \quad \frac{2}{21} \quad \frac{12}{21} \quad \frac{1}{1} \quad \frac{28}{15} \quad \frac{5}{1} \quad \frac{1}{2} \quad \frac{3}{3}$$

$$\frac{1}{2} \div \frac{5}{7} \quad \frac{4}{10} \quad \frac{3}{6} \div \frac{7}{9} \quad \frac{1}{14} \quad \frac{4}{5} \div \frac{3}{7} \quad \frac{3}{15} \quad \frac{4}{6} \div \frac{1}{2} \quad \frac{4}{3} \quad \frac{1}{2} \div \frac{6}{8}$$

$$\frac{4}{10} \quad \frac{2}{10} \quad \frac{10}{14} \quad \frac{9}{15} \quad \frac{9}{15} \quad \frac{14}{15} \quad \frac{2}{3} \quad \frac{1}{3} \quad \frac{2}{3}$$

$$\frac{1}{4} \div \frac{3}{8} \quad \frac{1}{3} \quad \frac{3}{9} \div \frac{6}{8} \quad \frac{1}{7} \quad \frac{3}{7} \div \frac{3}{4} \quad \frac{16}{5} \quad \frac{4}{5} \div \frac{1}{4} \quad \frac{11}{25} \quad \frac{4}{5} \div \frac{5}{7}$$

$$\frac{1}{3} \quad \frac{5}{9} \quad \frac{3}{9} \quad \frac{5}{16} \quad \frac{4}{7} \quad \frac{4}{5} \quad \frac{1}{1} \quad \frac{3}{9} \quad \frac{28}{25}$$

$$\frac{2}{7} \div \frac{3}{4} \quad \frac{16}{21} \quad \frac{1}{4} \div \frac{1}{4} \quad \frac{15}{16} \quad \frac{7}{8} \div \frac{2}{9} \quad \frac{1}{2} \quad \frac{1}{2} \div \frac{2}{4} \quad \frac{4}{9} \quad \frac{5}{6} \div \frac{3}{4}$$

$$\frac{1}{21} \quad \frac{6}{21} \quad \frac{1}{1} \quad \frac{14}{16} \quad \frac{63}{16} \quad \frac{3}{7} \quad \frac{16}{7} \quad \frac{2}{9} \quad \frac{10}{9}$$

$$\frac{3}{5} \div \frac{1}{2} \quad \frac{4}{5} \quad \frac{1}{4} \div \frac{6}{7} \quad \frac{9}{24} \quad \text{⚑} \quad \frac{5}{7} \quad \frac{2}{7} \div \frac{1}{8} \quad \frac{12}{7} \quad \frac{6}{7} \div \frac{1}{2}$$

$\frac{2}{8} \div \frac{5}{8}$ $\frac{4}{5}$ $\frac{3}{8} \div \frac{1}{4}$ $\frac{1}{4}$ $\frac{3}{4} \div \frac{1}{9}$ $\frac{1}{1}$ $\frac{1}{2} \div \frac{1}{2}$ $\frac{3}{5}$ $\frac{3}{7} \div \frac{5}{7}$

$\frac{3}{5}$ $\frac{2}{5}$ $\frac{7}{9}$ $\frac{1}{7}$ $\frac{5}{14}$ $\frac{27}{4}$ $\frac{1}{5}$ $\frac{24}{32}$ $\frac{8}{7}$

$\frac{2}{3} \div \frac{6}{7}$ $\frac{6}{7}$ $\frac{5}{7} \div \frac{1}{2}$ $\frac{10}{7}$ $\frac{1}{2} \div \frac{4}{5}$ $\frac{6}{8}$ $\frac{2}{5} \div \frac{1}{2}$ $\frac{4}{7}$ $\frac{4}{7} \div \frac{1}{2}$

$\frac{4}{9}$ $\frac{3}{7}$ $\frac{3}{7}$ $\frac{5}{7}$ $\frac{5}{8}$ $\frac{14}{20}$ $\frac{4}{5}$ $\frac{1}{3}$ $\frac{5}{6}$

$\frac{1}{2} \div \frac{3}{6}$ $\frac{1}{1}$ $\frac{4}{9} \div \frac{2}{3}$ $\frac{3}{20}$ $\frac{1}{4} \div \frac{5}{7}$ $\frac{1}{20}$ 🏁 $\frac{3}{6}$ $\frac{1}{3} \div \frac{2}{5}$

$\frac{1}{1}$ $\frac{8}{16}$ $\frac{15}{16}$ $\frac{7}{20}$ $\frac{6}{20}$ $\frac{2}{5}$ $\frac{11}{15}$ $\frac{4}{15}$ $\frac{7}{9}$

$\frac{4}{8} \div \frac{4}{7}$ $\frac{3}{16}$ $\frac{1}{6} \div \frac{1}{2}$ $\frac{2}{3}$ $\frac{4}{6} \div \frac{2}{5}$ $\frac{13}{15}$ $\frac{1}{5} \div \frac{3}{7}$ $\frac{7}{15}$ $\frac{2}{9} \div \frac{2}{7}$

$\frac{5}{8}$ $\frac{7}{16}$ $\frac{5}{16}$ $\frac{1}{3}$ $\frac{13}{16}$ $\frac{11}{16}$ $\frac{4}{28}$ $\frac{2}{3}$ $\frac{1}{3}$

$\frac{3}{7} \div \frac{1}{5}$ $\frac{2}{7}$ $\frac{6}{7} \div \frac{2}{3}$ $\frac{10}{16}$ $\frac{5}{6} \div \frac{8}{9}$ $\frac{15}{16}$ $\frac{3}{7} \div \frac{4}{5}$ $\frac{26}{28}$ $\frac{3}{9} \div \frac{2}{4}$

$\frac{2}{7}$ $\frac{7}{7}$ $\frac{7}{7}$ $\frac{4}{16}$ $\frac{14}{16}$ $\frac{10}{16}$ $\frac{15}{28}$ $\frac{7}{12}$ $\frac{1}{4}$

$\frac{3}{9} \div \frac{3}{5}$ $\frac{1}{9}$ $\frac{1}{2} \div \frac{1}{3}$ $\frac{2}{2}$ $\frac{3}{4} \div \frac{3}{7}$ $\frac{11}{12}$ $\frac{1}{4} \div \frac{3}{7}$ $\frac{1}{12}$ $\frac{6}{8} \div \frac{1}{9}$

$\frac{1}{4} \div \frac{3}{7}$	$\frac{4}{6}$	$\frac{1}{9} \div \frac{4}{6}$	$\frac{5}{6}$	🏁	$\frac{5}{6}$	$\frac{2}{3} \div \frac{4}{5}$	$\frac{4}{9}$	$\frac{2}{9} \div \frac{1}{2}$
$\frac{2}{4}$	$\frac{1}{4}$	$\frac{4}{3}$	$\frac{1}{6}$	$\frac{4}{12}$	$\frac{2}{6}$	$\frac{1}{1}$	$\frac{21}{21}$	$\frac{16}{21}$
$\frac{3}{7} \div \frac{4}{7}$	$\frac{3}{4} \div \frac{4}{6}$	$\frac{2}{4}$	$\frac{1}{3}$	$\frac{1}{6} \div \frac{2}{7}$	$\frac{10}{12}$	$\frac{2}{3} \div \frac{1}{6}$	$\frac{4}{1}$	$\frac{4}{7} \div \frac{3}{4}$
$\frac{2}{1}$	$\frac{2}{9}$	$\frac{6}{9}$	$\frac{8}{9}$	$\frac{7}{12}$	$\frac{7}{7}$	$\frac{4}{7}$	$\frac{5}{7}$	$\frac{10}{21}$
$\frac{2}{4} \div \frac{1}{4}$	$\frac{5}{9}$	$\frac{1}{9} \div \frac{1}{5}$	$\frac{7}{9}$	$\frac{1}{2} \div \frac{2}{5}$	$\frac{5}{4}$	$\frac{1}{2} \div \frac{7}{8}$	$\frac{1}{7}$	$\frac{3}{9} \div \frac{4}{5}$
$\frac{1}{1}$	$\frac{3}{9}$	$\frac{8}{9}$	$\frac{2}{1}$	$\frac{1}{4}$	$\frac{6}{7}$	$\frac{2}{7}$	$\frac{2}{3}$	$\frac{2}{3}$
$\frac{3}{7} \div \frac{2}{3}$	$\frac{11}{14}$	$\frac{6}{7} \div \frac{1}{2}$	$\frac{1}{3}$	$\frac{2}{3} \div \frac{1}{3}$	$\frac{1}{2}$	$\frac{1}{2} \div \frac{2}{4}$	$\frac{1}{1}$	$\frac{4}{6} \div \frac{1}{4}$
$\frac{2}{5}$	$\frac{4}{5}$	$\frac{4}{5}$	$\frac{5}{5}$	$\frac{8}{3}$	$\frac{1}{2}$	$\frac{4}{5}$	$\frac{3}{5}$	$\frac{1}{1}$
$\frac{1}{6} \div \frac{5}{6}$	$\frac{1}{5}$	$\frac{8}{9} \div \frac{5}{9}$	$\frac{8}{5}$	$\frac{1}{3} \div \frac{1}{8}$	$\frac{1}{3}$	$\frac{2}{5} \div \frac{1}{3}$	$\frac{2}{5}$	$\frac{1}{2} \div \frac{1}{2}$
$\frac{2}{5}$	$\frac{5}{5}$	$\frac{16}{9}$	$\frac{3}{5}$	$\frac{3}{3}$	$\frac{1}{2}$	$\frac{4}{5}$	$\frac{3}{4}$	$\frac{1}{4}$
$\frac{3}{5} \div \frac{1}{4}$	$\frac{12}{5}$	$\frac{4}{9} \div \frac{1}{4}$	$\frac{1}{9}$	$\frac{3}{4} \div \frac{3}{6}$	$\frac{1}{2}$	$\frac{3}{4} \div \frac{5}{8}$	$\frac{2}{5}$	$\frac{1}{2} \div \frac{2}{9}$

Time:

38

Score:

$$\frac{1}{8} \div \frac{2}{3} \quad \frac{3}{16} \quad \frac{3}{6} \div \frac{4}{6} \quad \frac{1}{4} \quad \frac{2}{5} \div \frac{2}{6} \quad \frac{5}{5} \quad \frac{2}{5} \div \frac{3}{6} \quad \frac{4}{5} \quad \frac{2}{9} \div \frac{2}{4}$$

$$\frac{28}{9} \qquad \frac{2}{9} \qquad \frac{3}{4} \qquad \frac{2}{4} \qquad \frac{1}{2} \qquad \frac{2}{2} \qquad \frac{8}{7} \qquad \frac{2}{5} \qquad \frac{4}{9}$$

$$\frac{8}{9} \div \frac{2}{7} \quad \frac{8}{9} \quad \frac{4}{8} \div \frac{7}{8} \quad \frac{4}{7} \quad \frac{1}{2} \div \frac{1}{5} \quad \frac{5}{2} \quad \frac{4}{7} \div \frac{3}{6} \quad \frac{4}{7} \quad \frac{3}{6} \div \frac{2}{7}$$

$$\frac{1}{3} \qquad \frac{7}{9} \qquad \frac{1}{3} \qquad \frac{2}{3} \qquad \frac{2}{2} \qquad \frac{23}{24} \qquad \frac{3}{7} \qquad \frac{1}{4} \qquad \frac{7}{4}$$

$$\frac{2}{9} \div \frac{2}{3} \quad \frac{4}{3} \quad \frac{2}{6} \div \frac{2}{8} \quad \frac{2}{3} \quad \frac{7}{9} \div \frac{3}{8} \quad \frac{21}{27} \quad \frac{1}{6} \div \frac{4}{7} \quad \frac{1}{2} \quad \frac{1}{2} \div \frac{1}{2}$$

$$\frac{1}{9} \qquad \frac{20}{9} \qquad \frac{4}{14} \qquad \frac{22}{27} \qquad \frac{12}{27} \qquad \frac{7}{27} \qquad \frac{1}{5} \qquad \frac{11}{24} \qquad \frac{1}{1}$$

$$\frac{5}{9} \div \frac{1}{4} \quad \frac{15}{14} \quad \frac{6}{7} \div \frac{4}{5} \quad \frac{20}{27} \quad \frac{5}{9} \div \frac{3}{4} \quad \frac{17}{27} \quad \frac{2}{5} \div \frac{2}{3} \quad \frac{2}{5} \quad \text{🏁}$$

$$\frac{7}{9} \qquad \frac{1}{4} \qquad \frac{2}{3} \qquad \frac{7}{3} \qquad \frac{9}{27} \qquad \frac{1}{27} \qquad \frac{5}{7} \qquad \frac{3}{7} \qquad \frac{13}{15}$$

$$\frac{2}{3} \div \frac{3}{6} \quad \frac{1}{3} \quad \frac{2}{3} \div \frac{2}{7} \quad \frac{2}{2} \quad \frac{3}{3} \quad \frac{1}{2} \div \frac{5}{7} \quad \frac{5}{10} \quad \frac{3}{7} \div \frac{1}{3} \quad \frac{5}{7} \quad \frac{4}{6} \div \frac{5}{7}$$

$$\frac{15}{21} \qquad \frac{4}{21} \qquad \frac{2}{4} \qquad \frac{2}{2} \qquad \frac{2}{2} \qquad \frac{2}{2} \qquad \frac{5}{8} \qquad \frac{5}{10} \qquad \frac{5}{10}$$

$$\frac{1}{7} \div \frac{6}{8} \quad \frac{3}{21} \quad \frac{1}{4} \div \frac{1}{3} \quad \frac{2}{4} \quad \frac{5}{8} \div \frac{2}{8} \quad \frac{2}{2} \quad \frac{3}{8} \div \frac{3}{9} \quad \frac{1}{8} \quad \frac{3}{5} \div \frac{2}{7}$$

$\frac{6}{7} \div \frac{2}{6}$	$\frac{15}{16}$	$\frac{7}{8} \div \frac{2}{7}$	$\frac{14}{20}$	$\frac{7}{8} \div \frac{5}{6}$	$\frac{3}{4}$	$\frac{1}{4} \div \frac{1}{9}$	$\frac{4}{4}$	$\frac{5}{7} \div \frac{3}{6}$
$\frac{3}{8}$	$\frac{5}{8}$	$\frac{2}{3}$	$\frac{1}{15}$	$\frac{7}{15}$	$\frac{9}{4}$	$\frac{7}{12}$	$\frac{5}{16}$	$\frac{1}{16}$
$\frac{5}{6} \div \frac{4}{9}$	$\frac{6}{8}$	$\frac{5}{9} \div \frac{1}{3}$	$\frac{13}{15}$	$\frac{2}{5} \div \frac{3}{4}$	$\frac{6}{12}$	$\frac{1}{3} \div \frac{4}{5}$	$\frac{5}{12}$	$\frac{1}{4} \div \frac{4}{5}$
$\frac{15}{8}$	$\frac{3}{2}$	$\frac{1}{2}$	$\frac{8}{15}$	$\frac{9}{15}$	$\frac{4}{7}$	$\frac{8}{7}$	$\frac{4}{7}$	$\frac{14}{16}$
$\frac{2}{8} \div \frac{1}{9}$	$\frac{2}{2}$	$\frac{2}{4} \div \frac{3}{9}$	$\frac{1}{2}$	🏁	$\frac{3}{7}$	$\frac{3}{7} \div \frac{3}{8}$	$\frac{4}{7}$	$\frac{2}{9} \div \frac{7}{9}$
$\frac{9}{4}$	$\frac{2}{2}$	$\frac{2}{2}$	$\frac{1}{2}$	$\frac{16}{9}$	$\frac{2}{7}$	$\frac{1}{1}$	$\frac{2}{7}$	$\frac{2}{4}$
$\frac{3}{8} \div \frac{2}{8}$	$\frac{2}{2}$	$\frac{1}{2} \div \frac{1}{8}$	$\frac{1}{9}$	$\frac{2}{3} \div \frac{3}{8}$	$\frac{1}{3}$	$\frac{1}{2} \div \frac{2}{4}$	$\frac{2}{4}$	$\frac{7}{8} \div \frac{1}{2}$
$\frac{3}{4}$	$\frac{3}{2}$	$\frac{5}{6}$	$\frac{3}{5}$	$\frac{4}{5}$	$\frac{4}{9}$	$\frac{9}{4}$	$\frac{3}{4}$	$\frac{5}{5}$
$\frac{1}{2} \div \frac{4}{6}$	$\frac{3}{5}$	$\frac{1}{5} \div \frac{1}{2}$	$\frac{2}{5}$	$\frac{1}{5} \div \frac{1}{4}$	$\frac{3}{4}$	$\frac{1}{2} \div \frac{2}{9}$	$\frac{2}{4}$	$\frac{4}{5} \div \frac{1}{4}$
$\frac{1}{1}$	$\frac{1}{5}$	$\frac{4}{5}$	$\frac{2}{5}$	$\frac{2}{1}$	$\frac{1}{4}$	$\frac{3}{1}$	$\frac{7}{10}$	$\frac{2}{10}$
$\frac{8}{9} \div \frac{2}{9}$	$\frac{21}{25}$	$\frac{3}{5} \div \frac{5}{8}$	$\frac{1}{1}$	$\frac{2}{3} \div \frac{2}{6}$	$\frac{1}{1}$	$\frac{6}{8} \div \frac{1}{4}$	$\frac{3}{10}$	$\frac{1}{5} \div \frac{4}{6}$

Time:

40

Score:

$\frac{1}{1}$	$\frac{2}{3} \div \frac{1}{3}$	$\frac{1}{5}$	$\frac{1}{5} \div \frac{1}{2}$	$\frac{3}{4}$	$\frac{1}{2} \div \frac{2}{3}$	$\frac{8}{9}$	$\frac{4}{9} \div \frac{4}{8}$
$\frac{4}{3}$	$\frac{14}{27}$	$\frac{15}{27}$	$\frac{2}{5}$	$\frac{3}{5}$	$\frac{5}{5}$	$\frac{2}{4}$	$\frac{4}{9}$ $\frac{5}{9}$
$\frac{2}{3} \div \frac{2}{4}$	$\frac{18}{27}$	$\frac{5}{9} \div \frac{3}{4}$	$\frac{7}{27}$	$\frac{2}{5} \div \frac{2}{9}$	$\frac{9}{5}$	$\frac{1}{2} \div \frac{2}{6}$	$\frac{3}{2}$	$\frac{4}{7} \div \frac{4}{5}$
$\frac{4}{9}$	$\frac{1}{27}$	$\frac{7}{27}$	$\frac{20}{27}$	$\frac{7}{4}$	$\frac{4}{4}$	$\frac{2}{2}$	$\frac{1}{2}$	$\frac{5}{7}$
$\frac{1}{3} \div \frac{6}{8}$	$\frac{5}{9}$	$\frac{5}{9} \div \frac{2}{4}$	$\frac{2}{4}$	$\frac{3}{4} \div \frac{3}{7}$	$\frac{6}{7}$	$\frac{5}{7} \div \frac{3}{9}$	$\frac{4}{3}$	$\frac{4}{6} \div \frac{3}{6}$
$\frac{5}{2}$	$\frac{2}{7}$	$\frac{3}{7}$	$\frac{3}{4}$	$\frac{2}{8}$	$\frac{2}{4}$	$\frac{15}{7}$	$\frac{2}{3}$	$\frac{1}{3}$
$\frac{5}{6} \div \frac{2}{6}$	$\frac{1}{7}$	$\frac{2}{7} \div \frac{2}{9}$	$\frac{5}{8}$	$\frac{2}{8} \div \frac{2}{5}$	$\frac{3}{2}$	$\frac{1}{2} \div \frac{1}{3}$	$\frac{1}{2}$	$\frac{2}{4} \div \frac{1}{9}$
$\frac{7}{1}$	$\frac{9}{7}$	$\frac{1}{7}$	$\frac{6}{7}$	$\frac{8}{8}$	$\frac{2}{3}$	$\frac{3}{4}$	$\frac{3}{5}$	$\frac{1}{2}$
$\frac{7}{9} \div \frac{1}{9}$	$\frac{1}{1}$	$\frac{1}{6} \div \frac{1}{9}$	$\frac{1}{1}$	$\frac{2}{3} \div \frac{1}{6}$	$\frac{1}{9}$	$\frac{2}{3} \div \frac{6}{7}$	$\frac{7}{16}$	$\frac{1}{4} \div \frac{4}{5}$
$\frac{1}{5}$	$\frac{3}{5}$	$\frac{2}{2}$	$\frac{1}{1}$	$\frac{1}{1}$	$\frac{1}{1}$	$\frac{4}{9}$	$\frac{16}{16}$	$\frac{3}{16}$
$\frac{1}{2} \div \frac{7}{8}$	$\frac{1}{3}$	$\frac{2}{6} \div \frac{1}{2}$	$\frac{1}{1}$	$\frac{3}{5} \div \frac{1}{5}$	$\frac{19}{64}$	$\frac{7}{8} \div \frac{8}{9}$	$\frac{8}{8}$	$\frac{1}{8} \div \frac{1}{3}$

$$\frac{1}{5} \div \frac{1}{2} \qquad \frac{1}{5} \qquad \frac{1}{5} \div \frac{3}{7} \qquad \frac{8}{15} \qquad \text{🏁} \qquad \frac{10}{7} \qquad \frac{5}{7} \div \frac{4}{8} \qquad \frac{16}{5} \qquad \frac{2}{5} \div \frac{1}{8}$$

$$\frac{2}{5} \qquad \frac{4}{4} \qquad \frac{2}{8} \qquad \frac{3}{8} \qquad \frac{3}{25} \qquad \frac{8}{9} \qquad \frac{2}{3} \qquad \frac{10}{9} \qquad \frac{2}{5}$$

$$\frac{8}{9} \div \frac{4}{6} \qquad \frac{4}{3} \qquad \frac{2}{4} \div \frac{4}{7} \qquad \frac{1}{8} \qquad \frac{3}{5} \div \frac{5}{6} \qquad \frac{1}{4} \qquad \frac{5}{9} \div \frac{2}{4} \qquad \frac{5}{9} \qquad \frac{3}{7} \div \frac{4}{8}$$

$$\frac{1}{3} \qquad \frac{6}{8} \qquad \frac{7}{8} \qquad \frac{8}{25} \qquad \frac{4}{25} \qquad \frac{21}{25} \qquad \frac{6}{7} \qquad \frac{4}{7} \qquad \frac{3}{7}$$

$$\frac{2}{4} \div \frac{1}{5} \qquad \frac{7}{16} \qquad \frac{3}{8} \div \frac{6}{7} \qquad \frac{24}{25} \qquad \frac{3}{5} \div \frac{5}{7} \qquad \frac{18}{7} \qquad \frac{3}{7} \div \frac{1}{6} \qquad \frac{2}{7} \qquad \frac{1}{7} \div \frac{1}{2}$$

$$\frac{1}{2} \qquad \frac{5}{2} \qquad \frac{5}{7} \qquad \frac{3}{25} \qquad \frac{3}{5} \qquad \frac{24}{25} \qquad \frac{12}{16} \qquad \frac{1}{3} \qquad \frac{12}{7}$$

$$\frac{6}{8} \div \frac{1}{2} \qquad \frac{5}{9} \qquad \frac{7}{9} \div \frac{1}{2} \qquad \frac{2}{9} \qquad \frac{1}{5} \div \frac{3}{6} \qquad \frac{2}{5} \qquad \frac{7}{8} \div \frac{2}{7} \qquad \frac{49}{16} \qquad \frac{6}{7} \div \frac{2}{4}$$

$$\frac{1}{2} \qquad \frac{2}{5} \qquad \frac{14}{9} \qquad \frac{5}{9} \qquad \frac{49}{9} \qquad \frac{5}{9} \qquad \frac{3}{4} \qquad \frac{3}{4} \qquad \frac{5}{16}$$

$$\frac{2}{4} \div \frac{3}{4} \qquad \frac{7}{8} \qquad \frac{3}{4} \div \frac{2}{7} \qquad \frac{21}{8} \qquad \frac{7}{9} \div \frac{1}{7} \qquad \frac{7}{9} \qquad \frac{1}{2} \div \frac{4}{7} \qquad \frac{7}{8} \qquad \frac{6}{8} \div \frac{2}{6}$$

$$\frac{1}{3} \qquad \frac{2}{3} \qquad \frac{3}{8} \qquad \frac{5}{9} \qquad \frac{1}{4} \qquad \frac{7}{9} \qquad \frac{3}{8} \qquad \frac{1}{4} \qquad \frac{1}{4}$$

$$\frac{3}{5} \div \frac{1}{6} \qquad \frac{4}{5} \qquad \frac{2}{3} \div \frac{5}{7} \qquad \frac{3}{15} \qquad \frac{1}{3} \div \frac{1}{8} \qquad \frac{3}{3} \qquad \frac{1}{2} \div \frac{1}{3} \qquad \frac{1}{2} \qquad \frac{2}{8} \div \frac{2}{9}$$

Time: 42   Score:

$\frac{2}{5} \div \frac{1}{2}$	$\frac{4}{3}$	$\frac{2}{3} \div \frac{1}{2}$	$\frac{2}{3}$	$\frac{3}{8} \div \frac{3}{8}$	$\frac{1}{1}$	$\frac{4}{7} \div \frac{4}{5}$	$\frac{5}{7}$	$\frac{4}{7} \div \frac{1}{4}$
$\frac{4}{5}$	$\frac{8}{8}$	$\frac{2}{8}$	$\frac{27}{32}$	$\frac{25}{32}$	$\frac{3}{32}$	$\frac{5}{8}$	$\frac{1}{3}$	$\frac{3}{3}$
$\frac{1}{2} \div \frac{4}{9}$	$\frac{7}{8}$	$\frac{3}{5} \div \frac{1}{3}$	$\frac{19}{32}$	$\frac{6}{8} \div \frac{8}{9}$	$\frac{7}{32}$	$\frac{1}{4} \div \frac{2}{3}$	$\frac{1}{8}$	$\frac{2}{3} \div \frac{1}{7}$
$\frac{9}{8}$	$\frac{3}{8}$	$\frac{44}{49}$	$\frac{16}{49}$	$\frac{31}{32}$	$\frac{9}{14}$	$\frac{5}{15}$	$\frac{4}{14}$	$\frac{2}{3}$
$\frac{3}{5} \div \frac{1}{8}$	$\frac{4}{5}$	$\frac{4}{7} \div \frac{7}{8}$	$\frac{48}{49}$	$\frac{1}{3} \div \frac{1}{2}$	$\frac{3}{14}$	$\frac{4}{8} \div \frac{7}{9}$	$\frac{4}{14}$	$\frac{1}{6} \div \frac{1}{2}$
$\frac{24}{5}$	$\frac{9}{10}$	$\frac{32}{49}$	$\frac{38}{49}$	$\frac{3}{10}$	$\frac{4}{10}$	$\frac{3}{2}$	$\frac{11}{14}$	$\frac{15}{21}$
$\frac{1}{2} \div \frac{5}{9}$	$\frac{1}{5}$	$\frac{3}{4} \div \frac{3}{5}$	$\frac{5}{4}$	$\frac{1}{5} \div \frac{2}{9}$	$\frac{7}{10}$	$\frac{1}{2} \div \frac{1}{3}$	$\frac{2}{2}$	$\frac{4}{7} \div \frac{3}{4}$
$\frac{2}{3}$	$\frac{2}{5}$	$\frac{4}{7}$	$\frac{1}{3}$	$\frac{9}{10}$	$\frac{2}{3}$	$\frac{14}{3}$	$\frac{3}{8}$	$\frac{6}{8}$
$\frac{1}{2} \div \frac{5}{7}$	$\frac{7}{10}$	$\frac{4}{7} \div \frac{3}{6}$	$\frac{3}{7}$	🏁	$\frac{4}{8}$	$\frac{2}{3} \div \frac{1}{7}$	$\frac{2}{3}$	$\frac{1}{4} \div \frac{2}{7}$
$\frac{1}{2}$	$\frac{5}{7}$	$\frac{8}{7}$	$\frac{2}{7}$	$\frac{4}{5}$	$\frac{9}{2}$	$\frac{3}{3}$	$\frac{1}{8}$	$\frac{2}{3}$
$\frac{1}{4} \div \frac{2}{4}$	$\frac{4}{5}$	$\frac{2}{7} \div \frac{1}{5}$	$\frac{10}{7}$	$\frac{3}{4} \div \frac{1}{6}$	$\frac{2}{3}$	$\frac{1}{2} \div \frac{3}{4}$	$\frac{2}{3}$	$\frac{4}{6} \div \frac{2}{4}$

$$\frac{1}{2} \div \frac{2}{8} \quad \frac{5}{5} \quad \frac{1}{5} \div \frac{1}{2} \quad \frac{1}{5} \quad \frac{2}{7} \div \frac{6}{7} \quad \frac{1}{3} \quad \frac{3}{7} \div \frac{3}{8} \quad \frac{4}{7} \quad \frac{2}{8} \div \frac{5}{8}$$

$$\frac{3}{3} \qquad \frac{2}{3} \qquad \frac{1}{4} \qquad \frac{2}{5} \qquad \frac{1}{2} \qquad \frac{3}{7} \qquad \frac{6}{7} \qquad \frac{8}{7} \qquad \frac{2}{3}$$

$$\frac{1}{2} \div \frac{3}{4} \quad \frac{1}{3} \quad \frac{2}{8} \div \frac{1}{3} \quad \frac{2}{2} \quad \frac{1}{6} \div \frac{1}{3} \quad \frac{7}{9} \quad \frac{2}{9} \div \frac{1}{2} \quad \frac{1}{1} \quad \frac{1}{2} \div \frac{1}{6}$$

$$\frac{5}{4} \qquad \frac{33}{49} \qquad \frac{41}{49} \qquad \frac{19}{49} \qquad \frac{1}{3} \qquad \frac{1}{4} \qquad \frac{6}{9} \qquad \frac{1}{3} \qquad \frac{3}{1}$$

$$\frac{5}{6} \div \frac{4}{6} \quad \frac{49}{49} \quad \frac{3}{7} \div \frac{7}{8} \quad \frac{44}{49} \quad \frac{1}{2} \div \frac{3}{4} \quad \frac{1}{3} \qquad \text{🏁} \qquad \frac{1}{2} \quad \frac{1}{2} \div \frac{2}{8}$$

$$\frac{6}{7} \qquad \frac{24}{49} \qquad \frac{16}{15} \qquad \frac{3}{3} \qquad \frac{1}{3} \qquad \frac{1}{3} \qquad \frac{8}{8} \qquad \frac{3}{2} \qquad \frac{2}{1}$$

$$\frac{3}{7} \div \frac{4}{8} \quad \frac{4}{15} \quad \frac{2}{3} \div \frac{5}{8} \quad \frac{3}{3} \quad \frac{6}{9} \div \frac{1}{2} \quad \frac{5}{8} \quad \frac{2}{4} \div \frac{4}{5} \quad \frac{1}{8} \quad \frac{2}{4} \div \frac{1}{3}$$

$$\frac{3}{7} \qquad \frac{1}{5} \qquad \frac{7}{5} \qquad \frac{4}{3} \qquad \frac{1}{3} \qquad \frac{2}{3} \qquad \frac{3}{2} \qquad \frac{3}{5} \qquad \frac{2}{2}$$

$$\frac{3}{9} \div \frac{2}{4} \quad \frac{4}{5} \quad \frac{1}{5} \div \frac{1}{7} \quad \frac{2}{3} \quad \frac{5}{9} \div \frac{5}{6} \quad \frac{1}{2} \quad \frac{1}{2} \div \frac{1}{3} \quad \frac{8}{9} \quad \frac{5}{9} \div \frac{1}{2}$$

$$\frac{7}{7} \qquad \frac{3}{5} \qquad \frac{1}{5} \qquad \frac{2}{5} \qquad \frac{3}{9} \qquad \frac{7}{9} \qquad \frac{3}{5} \qquad \frac{1}{1} \qquad \frac{2}{3}$$

$$\frac{6}{7} \div \frac{1}{4} \quad \frac{2}{2} \quad \frac{3}{4} \div \frac{1}{2} \quad \frac{8}{9} \quad \frac{8}{9} \div \frac{1}{2} \quad \frac{4}{5} \quad \frac{4}{5} \div \frac{2}{6} \quad \frac{1}{2} \quad \frac{3}{6} \div \frac{1}{2}$$

Time:

44

Score:

$$\frac{2}{5} \div \frac{2}{6} \quad \frac{1}{1} \quad \frac{1}{2} \div \frac{1}{2} \quad \frac{1}{2} \quad \frac{2}{4} \div \frac{2}{6} \quad \frac{4}{4} \quad \frac{3}{6} \div \frac{6}{9} \quad \frac{2}{5} \quad \frac{2}{5} \div \frac{2}{3}$$

$$\frac{2}{5} \quad \frac{4}{5} \quad \frac{1}{1} \quad \frac{1}{2} \quad \frac{1}{5} \quad \frac{2}{2} \quad \frac{5}{5} \quad \frac{3}{5} \quad \frac{1}{5}$$

$$\frac{5}{6} \div \frac{1}{2} \quad \frac{2}{3} \quad \text{🏁} \quad \frac{2}{5} \quad \frac{4}{6} \div \frac{5}{6} \quad \frac{7}{5} \quad \frac{2}{5} \div \frac{2}{7} \quad \frac{1}{5} \quad \frac{2}{3} \div \frac{1}{2}$$

$$\frac{1}{4} \quad \frac{2}{3} \quad \frac{4}{3} \quad \frac{9}{9} \quad \frac{4}{5} \quad \frac{7}{9} \quad \frac{1}{5} \quad \frac{5}{5} \quad \frac{1}{3}$$

$$\frac{3}{6} \div \frac{1}{2} \quad \frac{1}{1} \quad \frac{2}{9} \div \frac{1}{6} \quad \frac{3}{9} \quad \frac{2}{9} \div \frac{1}{4} \quad \frac{8}{9} \quad \frac{1}{2} \div \frac{1}{3} \quad \frac{3}{2} \quad \frac{3}{9} \div \frac{3}{6}$$

$$\frac{27}{8} \quad \frac{2}{24} \quad \frac{4}{24} \quad \frac{9}{24} \quad \frac{6}{9} \quad \frac{5}{7} \quad \frac{1}{2} \quad \frac{3}{3} \quad \frac{2}{3}$$

$$\frac{3}{8} \div \frac{1}{9} \quad \frac{1}{24} \quad \frac{1}{4} \div \frac{6}{7} \quad \frac{16}{9} \quad \frac{4}{6} \div \frac{3}{8} \quad \frac{15}{7} \quad \frac{5}{7} \div \frac{1}{3} \quad \frac{21}{8} \quad \frac{6}{8} \div \frac{2}{7}$$

$$\frac{32}{9} \quad \frac{5}{9} \quad \frac{5}{24} \quad \frac{7}{24} \quad \frac{5}{9} \quad \frac{6}{7} \quad \frac{3}{7} \quad \frac{2}{7} \quad \frac{8}{8}$$

$$\frac{8}{9} \div \frac{1}{4} \quad \frac{2}{5} \quad \frac{1}{3} \div \frac{5}{6} \quad \frac{1}{1} \quad \frac{4}{6} \div \frac{1}{3} \quad \frac{1}{3} \quad \frac{5}{6} \div \frac{1}{2} \quad \frac{1}{1} \quad \frac{2}{8} \div \frac{2}{8}$$

$$\frac{9}{9} \quad \frac{7}{9} \quad \frac{3}{2} \quad \frac{2}{1} \quad \frac{1}{3} \quad \frac{1}{3} \quad \frac{2}{3} \quad \frac{1}{1} \quad \frac{1}{1}$$

$$\frac{2}{3} \div \frac{2}{4} \quad \frac{1}{2} \quad \frac{1}{3} \div \frac{2}{9} \quad \frac{3}{9} \quad \frac{7}{9} \div \frac{1}{2} \quad \frac{1}{27} \quad \frac{8}{9} \div \frac{6}{7} \quad \frac{1}{3} \quad \frac{1}{6} \div \frac{2}{4}$$

Time: 45   Score:

$$\frac{1}{4} \div \frac{2}{3} \qquad \frac{3}{8} \qquad \frac{1}{3} \div \frac{2}{3} \qquad \frac{2}{2} \qquad \frac{1}{4} \div \frac{6}{7} \qquad \frac{3}{9} \qquad \frac{4}{9} \div \frac{2}{7} \qquad \frac{14}{9}$$

$$\frac{7}{8} \qquad \frac{6}{8} \qquad \frac{1}{2} \qquad \frac{5}{7} \qquad \frac{2}{3} \qquad \frac{1}{24} \qquad \frac{1}{2} \qquad \frac{2}{3} \qquad \frac{1}{1}$$

$$\frac{3}{4} \div \frac{2}{5} \qquad \frac{24}{7} \qquad \frac{6}{7} \div \frac{1}{4} \qquad \frac{3}{7} \qquad \frac{4}{6} \div \frac{1}{2} \qquad \frac{4}{3} \qquad \frac{1}{4} \div \frac{1}{2} \qquad \frac{2}{2} \qquad \frac{2}{5} \div \frac{1}{5}$$

$$\frac{15}{8} \qquad \frac{4}{7} \qquad \frac{4}{7} \qquad \frac{2}{7} \qquad \frac{7}{10} \qquad \frac{8}{10} \qquad \frac{2}{3} \qquad \frac{3}{5} \qquad \frac{1}{1}$$

$$\frac{1}{2} \div \frac{1}{3} \qquad \frac{1}{2} \div \frac{1}{2} \qquad \frac{1}{2} \div \frac{1}{1} \qquad \frac{3}{6} \div \frac{5}{7} \qquad \frac{5}{10} \qquad \frac{3}{8} \div \frac{2}{4} \qquad \frac{3}{4} \qquad \frac{1}{2} \div \frac{2}{3}$$

$$\frac{3}{2} \qquad \frac{1}{2} \qquad \frac{4}{7} \qquad \frac{6}{10} \qquad \frac{2}{10} \qquad \frac{4}{10} \qquad \frac{3}{4} \qquad \frac{2}{4} \qquad \frac{1}{4}$$

$$\frac{3}{5} \div \frac{3}{4} \qquad \frac{2}{5} \qquad \frac{2}{7} \div \frac{1}{2} \qquad \frac{2}{1} \qquad \frac{3}{4} \div \frac{3}{8} \qquad \frac{1}{1} \qquad \frac{4}{8} \div \frac{3}{4} \qquad \frac{2}{3} \qquad \frac{4}{5} \div \frac{1}{3}$$

$$\frac{4}{5} \qquad \frac{2}{12} \qquad \frac{6}{7} \qquad \frac{7}{8} \qquad \frac{9}{8} \qquad \frac{7}{8} \qquad \frac{1}{3} \qquad \frac{2}{3} \qquad \frac{3}{5}$$

$$\frac{3}{9} \div \frac{4}{7} \qquad \frac{12}{12} \qquad \frac{1}{2} \div \frac{2}{3} \qquad \frac{6}{8} \qquad \frac{1}{2} \div \frac{4}{9} \qquad \frac{7}{8} \qquad \frac{5}{7} \div \frac{2}{4} \qquad \frac{7}{7} \qquad \frac{5}{9} \div \frac{2}{6}$$

$$\frac{8}{12} \qquad \frac{7}{12} \qquad \frac{5}{5} \qquad \frac{1}{5} \qquad \frac{3}{2} \qquad \frac{1}{8} \qquad \frac{5}{7} \qquad \frac{3}{3} \qquad \frac{1}{3}$$

$$\frac{5}{9} \div \frac{1}{4} \qquad \frac{2}{5} \qquad \frac{3}{8} \div \frac{5}{8} \qquad \frac{3}{5} \qquad \frac{6}{8} \div \frac{1}{2} \qquad \frac{2}{2} \qquad \frac{3}{6} \div \frac{4}{6} \qquad \frac{4}{4} \qquad \frac{2}{9} \div \frac{2}{5}$$

$\frac{3}{6} \div \frac{3}{5}$ $\frac{3}{4}$ $\frac{3}{8} \div \frac{1}{2}$ $\frac{4}{10}$ $\frac{1}{2} \div \frac{5}{9}$ $\frac{1}{2}$ $\frac{6}{8} \div \frac{1}{2}$ $\frac{2}{12}$ $\frac{1}{2} \div \frac{6}{7}$

$\frac{4}{45}$ $\frac{42}{45}$ $\frac{6}{7}$ $\frac{1}{1}$ $\frac{1}{1}$ $\frac{1}{1}$ $\frac{4}{6}$ $\frac{38}{40}$ $\frac{5}{40}$

$\frac{8}{9} \div \frac{5}{8}$ $\frac{6}{7}$ $\frac{6}{7} \div \frac{1}{2}$ $\frac{1}{1}$ $\frac{6}{9} \div \frac{2}{3}$ $\frac{1}{6}$ $\frac{1}{9} \div \frac{4}{6}$ $\frac{31}{40}$ $\frac{3}{5} \div \frac{8}{9}$

$\frac{3}{3}$ $\frac{24}{45}$ $\frac{4}{7}$ $\frac{1}{1}$ $\frac{5}{5}$ $\frac{2}{3}$ $\frac{2}{3}$ $\frac{3}{4}$ $\frac{1}{4}$

$\frac{2}{5} \div \frac{6}{9}$ $\frac{3}{5}$ (checkered flag) $\frac{5}{5}$ $\frac{4}{5} \div \frac{1}{7}$ $\frac{1}{4}$ $\frac{3}{9} \div \frac{2}{3}$ $\frac{1}{1}$ $\frac{2}{4} \div \frac{1}{2}$

$\frac{12}{25}$ $\frac{17}{25}$ $\frac{1}{3}$ $\frac{3}{7}$ $\frac{6}{7}$ $\frac{1}{4}$ $\frac{1}{2}$ $\frac{1}{9}$ $\frac{8}{9}$

$\frac{2}{5} \div \frac{5}{6}$ $\frac{23}{25}$ $\frac{4}{6} \div \frac{1}{6}$ $\frac{4}{7}$ $\frac{2}{7} \div \frac{1}{2}$ $\frac{10}{9}$ $\frac{5}{9} \div \frac{1}{2}$ $\frac{3}{9}$ $\frac{4}{6} \div \frac{3}{4}$

$\frac{1}{1}$ $\frac{2}{3}$ $\frac{4}{1}$ $\frac{1}{7}$ $\frac{1}{7}$ $\frac{6}{7}$ $\frac{6}{9}$ $\frac{4}{5}$ $\frac{10}{9}$

$\frac{2}{3} \div \frac{2}{3}$ $\frac{1}{2}$ $\frac{3}{4} \div \frac{1}{4}$ $\frac{3}{1}$ $\frac{5}{7} \div \frac{2}{3}$ $\frac{2}{2}$ $\frac{2}{6} \div \frac{2}{3}$ $\frac{1}{2}$ $\frac{5}{9} \div \frac{3}{6}$

$\frac{9}{8}$ $\frac{1}{2}$ $\frac{3}{4}$ $\frac{1}{3}$ $\frac{15}{14}$ $\frac{2}{4}$ $\frac{5}{7}$ $\frac{8}{3}$ $\frac{2}{3}$

$\frac{2}{4} \div \frac{4}{9}$ $\frac{6}{7}$ $\frac{4}{7} \div \frac{2}{3}$ $\frac{7}{3}$ $\frac{6}{9} \div \frac{2}{7}$ $\frac{1}{3}$ $\frac{6}{7} \div \frac{3}{9}$ $\frac{1}{3}$ $\frac{2}{3} \div \frac{1}{4}$

$$\frac{2}{7} \div \frac{1}{2} \quad \frac{15}{16} \quad \frac{6}{8} \div \frac{4}{5} \quad \frac{3}{16} \quad \frac{2}{3} \div \frac{1}{2} \quad \frac{6}{32} \quad \frac{2}{8} \div \frac{8}{9} \quad \frac{6}{6} \quad \frac{1}{2} \div \frac{3}{5}$$

$$\frac{4}{7} \quad \frac{3}{9} \quad \frac{4}{9} \quad \frac{2}{9} \quad \frac{1}{3} \quad \frac{1}{3} \quad \frac{7}{8} \quad \frac{5}{6} \quad \frac{4}{6}$$

$$\frac{9}{9} \quad \frac{2}{9} \div \frac{2}{4} \quad \frac{5}{9} \quad \frac{1}{2} \div \frac{3}{9} \quad \frac{3}{8} \quad \frac{6}{8} \div \frac{2}{3} \quad \frac{6}{8} \quad \frac{6}{7} \div \frac{7}{9}$$

$$\frac{1}{1} \quad \frac{9}{9} \quad \frac{9}{9} \quad \frac{35}{18} \quad \frac{3}{18} \quad \frac{2}{8} \quad \frac{9}{8} \quad \frac{2}{3} \quad \frac{3}{3}$$

$$\frac{4}{6} \div \frac{1}{3} \quad \frac{3}{4} \div \frac{2}{5} \quad \frac{6}{18} \quad \frac{5}{6} \div \frac{3}{7} \quad \frac{1}{3} \quad \frac{5}{6} \div \frac{1}{2} \quad \frac{2}{3} \quad \frac{4}{6} \div \frac{1}{5}$$

$$\frac{1}{3} \quad \frac{2}{9} \quad \frac{3}{9} \quad \frac{8}{9} \quad \frac{12}{18} \quad \frac{11}{18} \quad \frac{5}{3} \quad \frac{6}{7} \quad \frac{10}{3}$$

$$\frac{5}{6} \div \frac{3}{6} \quad \frac{5}{3} \quad \frac{1}{3} \div \frac{3}{8} \quad \frac{1}{9} \quad \frac{3}{9} \div \frac{4}{6} \quad \frac{3}{7} \quad \frac{3}{7} \div \frac{3}{6} \quad \frac{4}{7} \quad \frac{1}{3} \div \frac{2}{4}$$

$$\frac{5}{36} \quad \frac{1}{36} \quad \frac{4}{9} \quad \frac{9}{9} \quad \frac{2}{2} \quad \frac{5}{7} \quad \frac{2}{7} \quad \frac{1}{7} \quad \frac{2}{3}$$

$$\frac{1}{9} \div \frac{4}{5} \quad \frac{27}{36} \quad \frac{3}{8} \div \frac{2}{3} \quad \frac{6}{8} \quad \frac{1}{2} \div \frac{4}{7} \quad \frac{1}{1} \quad \frac{3}{4} \div \frac{3}{4} \quad \frac{1}{1} \quad \frac{2}{3} \div \frac{1}{6}$$

$$\frac{28}{36} \quad \frac{9}{10} \quad \frac{3}{10} \quad \frac{7}{10} \quad \frac{3}{9} \quad \frac{2}{7} \quad \frac{3}{7} \quad \frac{4}{1} \quad \frac{1}{3}$$

$$\frac{1}{2} \div \frac{1}{2} \quad \frac{7}{10} \quad \frac{2}{4} \div \frac{5}{9} \quad \frac{4}{9} \quad \frac{3}{9} \div \frac{3}{4} \quad \frac{16}{7} \quad \frac{4}{7} \div \frac{1}{4} \quad \frac{1}{7} \quad \frac{3}{5} \div \frac{2}{4}$$

Time: 48   Score:

$$\frac{4}{9} \div \frac{2}{3} \quad \frac{3}{3} \quad \frac{3}{7} \div \frac{1}{2} \quad \frac{7}{7} \quad \frac{6}{9} \div \frac{4}{9} \quad \frac{3}{3} \quad \frac{1}{6} \div \frac{1}{2} \quad \frac{1}{3} \quad \frac{1}{2} \div \frac{8}{9}$$

$$\frac{2}{3} \qquad \frac{1}{3} \qquad \frac{7}{7} \qquad \frac{2}{2} \qquad \frac{2}{5} \qquad \frac{8}{25} \qquad \frac{14}{25} \qquad \frac{9}{25} \qquad \frac{9}{16}$$

$$\frac{2}{9} \div \frac{3}{6} \quad \frac{4}{9} \quad \frac{1}{2} \div \frac{3}{9} \quad \frac{1}{2} \quad \frac{2}{5} \div \frac{2}{7} \quad \frac{7}{5} \quad \frac{2}{5} \div \frac{5}{7} \quad \frac{4}{25} \quad \frac{1}{3} \div \frac{1}{4}$$

$$\frac{3}{9} \qquad \frac{2}{3} \qquad \frac{3}{2} \qquad \frac{17}{25} \qquad \frac{24}{25} \qquad \frac{16}{25} \qquad \frac{11}{25} \qquad \frac{15}{25} \qquad \frac{4}{3}$$

$$\frac{1}{2} \div \frac{5}{7} \quad \frac{5}{5} \quad \frac{2}{5} \div \frac{1}{2} \quad \frac{4}{5} \quad \frac{3}{5} \div \frac{5}{8} \quad \frac{22}{25} \quad \frac{7}{9} \div \frac{1}{4} \quad \frac{5}{6} \quad \frac{1}{3} \div \frac{2}{5}$$

$$\frac{10}{10} \qquad \frac{4}{10} \qquad \frac{1}{5} \qquad \frac{5}{25} \qquad \frac{13}{25} \qquad \frac{1}{25} \qquad \frac{28}{9} \qquad \frac{4}{6} \qquad \frac{6}{6}$$

$$\frac{1}{2} \div \frac{1}{2} \quad \frac{1}{1} \quad \frac{1}{2} \div \frac{5}{6} \quad \frac{4}{5} \quad \frac{8}{9} \div \frac{3}{6} \quad \frac{1}{3} \quad \frac{1}{2} \div \frac{3}{4} \quad \frac{2}{3} \quad \frac{8}{9} \div \frac{1}{2}$$

$$\frac{1}{1} \qquad \frac{3}{5} \qquad \frac{1}{5} \qquad \frac{2}{5} \qquad \frac{7}{9} \qquad \frac{4}{5} \qquad \frac{1}{4} \qquad \frac{2}{4} \qquad \frac{16}{9}$$

$$\frac{1}{4} \div \frac{5}{6} \quad \frac{5}{10} \quad \frac{3}{4} \div \frac{1}{2} \quad \frac{1}{2} \quad \text{🏁} \quad \frac{3}{3} \quad \frac{1}{3} \div \frac{1}{2} \quad \frac{1}{2} \quad \frac{1}{3} \div \frac{2}{3}$$

$$\frac{6}{10} \qquad \frac{6}{10} \qquad \frac{2}{2} \qquad \frac{1}{5} \qquad \frac{2}{3} \qquad \frac{5}{3} \qquad \frac{2}{3} \qquad \frac{2}{5} \qquad \frac{2}{2}$$

$$\frac{3}{5} \div \frac{1}{5} \quad \frac{1}{1} \quad \frac{1}{5} \div \frac{2}{8} \quad \frac{4}{5} \quad \frac{1}{3} \div \frac{2}{4} \quad \frac{2}{3} \quad \frac{1}{3} \div \frac{1}{5} \quad \frac{1}{3} \quad \frac{1}{3} \div \frac{2}{5}$$

$\frac{7}{8} \div \frac{5}{6}$ $\frac{6}{5}$ $\frac{3}{5} \div \frac{1}{2}$ $\frac{7}{6}$ $\frac{1}{2} \div \frac{3}{7}$ $\frac{1}{6}$ $\frac{6}{7} \div \frac{1}{3}$ $\frac{1}{4}$ $\frac{1}{2} \div \frac{2}{6}$

$\frac{11}{20}$ $\frac{21}{20}$ $\frac{3}{5}$ $\frac{1}{5}$ $\frac{16}{27}$ $\frac{5}{16}$ $\frac{9}{16}$ $\frac{1}{5}$ $\frac{3}{2}$

$\frac{7}{9} \div \frac{4}{5}$ $\frac{3}{5}$ $\frac{1}{5} \div \frac{4}{8}$ $\frac{1}{5}$ $\frac{4}{9} \div \frac{6}{8}$ $\frac{7}{16}$ $\frac{1}{4} \div \frac{4}{7}$ $\frac{14}{16}$ $\frac{6}{9} \div \frac{8}{9}$

$\frac{15}{36}$ $\frac{2}{5}$ $\frac{3}{7}$ $\frac{3}{5}$ $\frac{3}{27}$ $\frac{15}{16}$ $\frac{7}{4}$ $\frac{4}{7}$ $\frac{3}{4}$

$\frac{7}{16}$ $\frac{5}{6} \div \frac{8}{9}$ $\frac{6}{10}$ $\frac{5}{7} \div \frac{1}{2}$ $\frac{10}{7}$ $\frac{1}{2} \div \frac{2}{7}$ $\frac{1}{5}$ $\frac{2}{3} \div \frac{4}{9}$

$\frac{2}{3}$ $\frac{2}{8}$ $\frac{5}{8}$ $\frac{3}{8}$ $\frac{3}{7}$ $\frac{10}{28}$ $\frac{29}{54}$ $\frac{3}{2}$ $\frac{4}{5}$

$\frac{5}{6} \div \frac{1}{2}$ $\frac{2}{8}$ $\frac{1}{4} \div \frac{2}{3}$ $\frac{6}{8}$ $\frac{3}{5} \div \frac{2}{3}$ $\frac{29}{54}$ $\frac{1}{9} \div \frac{6}{7}$ $\frac{53}{54}$ $\frac{1}{2} \div \frac{1}{4}$

$\frac{1}{5}$ $\frac{4}{5}$ $\frac{1}{8}$ $\frac{5}{12}$ $\frac{3}{5}$ $\frac{20}{54}$ $\frac{7}{54}$ $\frac{9}{21}$ $\frac{1}{2}$

$\frac{2}{5} \div \frac{1}{2}$ $\frac{3}{5}$ $\frac{2}{7} \div \frac{4}{5}$ $\frac{1}{3}$ $\frac{1}{6} \div \frac{1}{8}$ $\frac{2}{3}$ $\frac{1}{3} \div \frac{2}{4}$ $\frac{1}{3}$ $\frac{2}{3} \div \frac{1}{8}$

$\frac{3}{5}$ $\frac{40}{49}$ $\frac{2}{49}$ $\frac{4}{3}$ $\frac{1}{3}$ $\frac{3}{4}$ $\frac{3}{10}$ $\frac{3}{3}$ $\frac{1}{3}$

$\frac{3}{9} \div \frac{1}{4}$ $\frac{31}{49}$ $\frac{5}{7} \div \frac{7}{8}$ $\frac{36}{49}$ $\frac{3}{7} \div \frac{2}{9}$ $\frac{5}{9}$ $\frac{2}{9} \div \frac{1}{2}$ $\frac{1}{1}$ $\frac{2}{4} \div \frac{1}{6}$

Time: 50 Score:

$$\frac{3}{5} \div \frac{1}{4} \quad \frac{2}{15} \quad \frac{1}{9} \div \frac{5}{6} \quad \frac{2}{3} \quad \frac{1}{3} \div \frac{1}{2} \quad \frac{3}{3} \quad \frac{1}{3} \div \frac{1}{3} \quad \frac{1}{1} \quad \frac{6}{9} \div \frac{1}{3}$$

$$\frac{12}{5} \qquad \frac{5}{5} \qquad \frac{3}{5} \qquad \frac{4}{5} \qquad \frac{1}{3} \qquad \frac{1}{3} \qquad \frac{3}{5} \qquad \frac{2}{3} \qquad \frac{2}{1}$$

$$\frac{4}{5} \div \frac{2}{5} \quad \frac{1}{5} \quad \frac{2}{5} \div \frac{1}{2} \quad \frac{1}{2} \quad \frac{3}{4} \div \frac{1}{2} \quad \frac{1}{4} \quad \frac{1}{2} \div \frac{6}{8} \quad \frac{4}{7} \quad \frac{2}{7} \div \frac{2}{4}$$

$$\frac{2}{1} \qquad \frac{1}{5} \qquad \frac{2}{3} \qquad \frac{2}{9} \qquad \frac{9}{9} \qquad \frac{8}{9} \qquad \frac{1}{4} \qquad \frac{2}{3} \qquad \frac{3}{7}$$

$$\frac{2}{8} \div \frac{3}{9} \quad \frac{1}{3} \quad \frac{1}{2} \div \frac{3}{4} \quad \frac{4}{9} \quad \frac{3}{9} \div \frac{3}{4} \quad \frac{8}{9} \quad \frac{2}{8} \div \frac{1}{6} \quad \frac{1}{12} \quad \frac{1}{4} \div \frac{3}{7}$$

$$\frac{3}{4} \qquad \frac{2}{4} \qquad \frac{4}{5} \qquad \frac{21}{5} \qquad \frac{1}{9} \qquad \frac{3}{3} \qquad \frac{3}{3} \qquad \frac{7}{12} \qquad \frac{9}{12}$$

$$\frac{6}{7} \div \frac{2}{4} \quad \frac{2}{5} \quad \frac{3}{5} \div \frac{1}{7} \quad \frac{1}{5} \quad \frac{2}{5} \div \frac{1}{2} \quad \frac{2}{3} \quad \frac{2}{3} \div \frac{1}{7} \quad \frac{1}{3} \quad \frac{6}{7} \div \frac{4}{8}$$

$$\frac{12}{7} \qquad \frac{2}{5} \qquad \frac{16}{9} \qquad \frac{4}{5} \qquad \frac{4}{5} \qquad \frac{14}{3} \qquad \frac{2}{3} \qquad \frac{2}{3} \qquad \frac{7}{7}$$

$$\frac{4}{9} \quad \frac{4}{9} \div \frac{1}{4} \quad \frac{18}{5} \quad \frac{2}{5} \div \frac{1}{9} \quad \frac{1}{5} \quad \frac{2}{5} \div \frac{1}{2} \quad \frac{2}{8} \quad \frac{1}{8} \div \frac{1}{9}$$

$$\frac{1}{1} \qquad \frac{1}{1} \qquad \frac{9}{9} \qquad \frac{1}{6} \qquad \frac{3}{5} \qquad \frac{5}{7} \qquad \frac{1}{5} \qquad \frac{2}{8} \qquad \frac{7}{8}$$

$$\frac{3}{6} \div \frac{2}{8} \quad \frac{1}{1} \quad \frac{1}{2} \div \frac{2}{4} \quad \frac{1}{1} \quad \frac{2}{6} \div \frac{2}{6} \quad \frac{2}{3} \quad \frac{4}{9} \div \frac{2}{3} \quad \frac{1}{1} \quad \frac{1}{2} \div \frac{3}{6}$$

$$\frac{1}{5} \div \frac{6}{7} \qquad \frac{1}{5} \qquad \frac{3}{5} \div \frac{3}{6} \qquad \frac{13}{49} \qquad \frac{2}{7} \div \frac{7}{8} \qquad \frac{1}{2} \qquad \frac{1}{6} \div \frac{1}{3} \qquad \frac{2}{2} \qquad \frac{1}{2} \div \frac{2}{6}$$

$$\frac{2}{3} \qquad \frac{1}{3} \qquad \frac{1}{4} \qquad \frac{6}{7} \qquad \frac{3}{7} \qquad \frac{1}{3} \qquad \frac{2}{5} \qquad \frac{5}{5} \qquad \frac{5}{5}$$

$$\frac{1}{7} \div \frac{3}{7} \qquad \frac{1}{4} \qquad \frac{1}{2} \div \frac{2}{3} \qquad \frac{2}{7} \qquad \frac{1}{7} \div \frac{1}{5} \qquad \frac{3}{7} \qquad \frac{4}{5} \div \frac{1}{9} \qquad \frac{2}{5} \qquad \frac{3}{5} \div \frac{2}{4}$$

$$\frac{1}{2} \qquad \frac{1}{3} \qquad \frac{4}{5} \qquad \frac{5}{7} \qquad \frac{6}{7} \qquad \frac{8}{15} \qquad \frac{11}{15} \qquad \frac{13}{15} \qquad \frac{2}{6}$$

$$\frac{5}{9} \div \frac{2}{3} \qquad \frac{2}{1} \qquad \frac{1}{2} \div \frac{2}{8} \qquad \frac{1}{2} \qquad \text{⚑} \qquad \frac{7}{15} \qquad \frac{1}{3} \div \frac{5}{8} \qquad \frac{1}{6} \qquad \frac{5}{8} \div \frac{6}{8}$$

$$\frac{5}{6} \qquad \frac{1}{5} \qquad \frac{1}{5} \qquad \frac{1}{5} \qquad \frac{5}{3} \qquad \frac{3}{5} \qquad \frac{14}{15} \qquad \frac{25}{28} \qquad \frac{27}{28}$$

$$\frac{5}{7} \div \frac{1}{4} \qquad \frac{2}{7} \qquad \frac{3}{5} \div \frac{7}{9} \qquad \frac{27}{35} \qquad \frac{5}{6} \div \frac{4}{8} \qquad \frac{2}{3} \qquad \frac{4}{5} \div \frac{5}{8} \qquad \frac{19}{28} \qquad \frac{5}{7} \div \frac{4}{5}$$

$$\frac{20}{7} \qquad \frac{2}{3} \qquad \frac{18}{35} \qquad \frac{1}{3} \qquad \frac{1}{4} \qquad \frac{5}{20} \qquad \frac{17}{20} \qquad \frac{4}{7} \qquad \frac{9}{16}$$

$$\frac{2}{4} \div \frac{2}{5} \qquad \frac{2}{35} \qquad \frac{2}{5} \div \frac{7}{9} \qquad \frac{7}{10} \qquad \frac{1}{5} \div \frac{2}{7} \qquad \frac{9}{20} \qquad \frac{3}{5} \div \frac{4}{7} \qquad \frac{21}{20} \qquad \frac{1}{2} \div \frac{8}{9}$$

$$\frac{5}{4} \qquad \frac{1}{7} \qquad \frac{15}{35} \qquad \frac{6}{9} \qquad \frac{4}{9} \qquad \frac{14}{20} \qquad \frac{6}{20} \qquad \frac{6}{5} \qquad \frac{3}{5}$$

$$\frac{2}{5} \div \frac{3}{6} \qquad \frac{4}{5} \qquad \frac{5}{8} \div \frac{1}{4} \qquad \frac{5}{2} \qquad \frac{2}{6} \div \frac{3}{4} \qquad \frac{7}{9} \qquad \frac{1}{2} \div \frac{1}{4} \qquad \frac{1}{5} \qquad \frac{2}{5} \div \frac{1}{3}$$

$$\frac{1}{5} \div \frac{1}{2} \quad \frac{2}{21} \quad \frac{5}{7} \div \frac{3}{4} \quad \frac{15}{14} \quad \frac{6}{7} \div \frac{4}{5} \quad \frac{1}{4} \quad \frac{1}{9} \div \frac{4}{9} \quad \frac{1}{5} \quad \frac{1}{2} \div \frac{2}{4}$$

$$\frac{2}{6} \quad \frac{20}{21} \quad \frac{3}{21} \quad \frac{4}{21} \quad \frac{2}{2} \quad \frac{2}{7} \quad \frac{3}{5} \quad \frac{1}{5} \quad \frac{3}{3}$$

$$\frac{3}{4} \div \frac{2}{3} \quad \frac{7}{8} \quad \frac{4}{9} \div \frac{2}{7} \quad \frac{6}{7} \quad \frac{1}{7} \div \frac{2}{4} \quad \frac{4}{7} \quad \frac{6}{7} \div \frac{7}{9} \quad \frac{2}{3} \quad \frac{4}{5} \div \frac{3}{5}$$

$$\frac{9}{8} \quad \frac{3}{8} \quad \frac{9}{9} \quad \frac{3}{7} \quad \frac{6}{7} \quad \frac{21}{20} \quad \frac{11}{20} \quad \frac{13}{20} \quad \frac{2}{5}$$

$$\frac{5}{8} \div \frac{1}{5} \quad \frac{5}{8} \quad \text{⚑} \quad \frac{18}{7} \quad \frac{6}{7} \div \frac{1}{3} \quad \frac{9}{20} \quad \frac{3}{4} \div \frac{5}{7} \quad \frac{17}{20} \quad \frac{2}{5} \div \frac{1}{9}$$

$$\frac{25}{8} \quad \frac{2}{2} \quad \frac{4}{4} \quad \frac{13}{21} \quad \frac{2}{3} \quad \frac{6}{21} \quad \frac{3}{20} \quad \frac{3}{4} \quad \frac{2}{3}$$

$$\frac{3}{6} \div \frac{2}{6} \quad \frac{1}{2} \quad \frac{3}{4} \div \frac{1}{5} \quad \frac{3}{3} \quad \frac{1}{2} \div \frac{6}{8} \quad \frac{17}{21} \quad \frac{1}{3} \div \frac{1}{2} \quad \frac{1}{4} \quad \frac{1}{4} \div \frac{3}{9}$$

$$\frac{3}{2} \quad \frac{1}{49} \quad \frac{10}{49} \quad \frac{27}{49} \quad \frac{19}{21} \quad \frac{19}{21} \quad \frac{15}{21} \quad \frac{25}{21} \quad \frac{4}{12}$$

$$\frac{5}{6} \div \frac{3}{5} \quad \frac{25}{18} \quad \frac{3}{7} \div \frac{7}{9} \quad \frac{35}{49} \quad \frac{6}{9} \div \frac{1}{2} \quad \frac{11}{21} \quad \frac{5}{7} \div \frac{3}{5} \quad \frac{2}{12} \quad \frac{5}{6} \div \frac{2}{5}$$

$$\frac{15}{18} \quad \frac{43}{49} \quad \frac{43}{49} \quad \frac{2}{49} \quad \frac{4}{5} \quad \frac{5}{12} \quad \frac{1}{3} \quad \frac{16}{21} \quad \frac{2}{8}$$

$$\frac{4}{6} \div \frac{1}{5} \quad \frac{29}{64} \quad \frac{7}{8} \div \frac{8}{9} \quad \frac{9}{12} \quad \frac{1}{4} \div \frac{3}{5} \quad \frac{5}{8} \quad \frac{2}{4} \div \frac{4}{5} \quad \frac{3}{8} \quad \frac{2}{8} \div \frac{2}{3}$$

Time: 53 Score:

$$\frac{1}{6} \div \frac{1}{8} \quad \frac{11}{18} \quad \frac{2}{9} \div \frac{4}{7} \quad \frac{5}{8} \quad \frac{2}{4} \div \frac{4}{7} \quad \frac{3}{5} \quad \frac{1}{4} \div \frac{5}{8} \quad \frac{3}{7} \quad \frac{6}{7} \div \frac{1}{2}$$

$$\frac{1}{3} \qquad \frac{3}{3} \qquad \frac{15}{18} \qquad \frac{4}{8} \qquad \frac{7}{8} \qquad \frac{4}{8} \qquad \frac{3}{3} \qquad \frac{12}{7} \qquad \frac{5}{7}$$

$$\frac{3}{4} \div \frac{4}{6} \quad \frac{1}{1} \quad \frac{2}{4} \div \frac{1}{2} \quad \frac{3}{3} \quad \frac{7}{9} \div \frac{1}{6} \quad \frac{1}{3} \quad \frac{1}{2} \div \frac{3}{4} \quad \frac{1}{7} \quad \frac{1}{7} \div \frac{1}{2}$$

$$\frac{4}{8} \qquad \frac{1}{1} \qquad \frac{1}{1} \qquad \frac{3}{5} \qquad \frac{4}{5} \qquad \frac{3}{5} \qquad \frac{4}{8} \qquad \frac{2}{3} \qquad \frac{16}{20}$$

$$\frac{1}{2} \div \frac{3}{8} \quad \frac{7}{9} \quad \frac{5}{6} \div \frac{3}{8} \quad \frac{1}{3} \quad \frac{3}{9} \div \frac{2}{3} \quad \frac{5}{8} \quad \frac{1}{2} \div \frac{4}{5} \quad \frac{9}{20} \quad \frac{2}{5} \div \frac{8}{9}$$

$$\frac{3}{3} \qquad \frac{3}{3} \qquad \frac{1}{6} \qquad \frac{6}{6} \qquad \frac{1}{2} \qquad \frac{3}{4} \qquad \frac{6}{8} \qquad \frac{4}{20} \qquad \frac{19}{20}$$

$$\text{[flag]} \quad \frac{5}{6} \quad \frac{2}{4} \div \frac{3}{5} \quad \frac{1}{1} \quad \frac{1}{2} \div \frac{1}{6} \quad \frac{3}{1} \quad \frac{1}{7} \div \frac{6}{8} \quad \frac{6}{21} \quad \frac{3}{8} \div \frac{1}{2}$$

$$\frac{1}{2} \qquad \frac{2}{6} \qquad \frac{40}{27} \qquad \frac{7}{9} \qquad \frac{2}{9} \qquad \frac{14}{21} \qquad \frac{9}{21} \qquad \frac{4}{21} \qquad \frac{8}{10}$$

$$\frac{2}{3} \div \frac{1}{3} \quad \frac{2}{1} \quad \frac{8}{9} \div \frac{3}{5} \quad \frac{6}{9} \quad \frac{1}{9} \div \frac{1}{8} \quad \frac{1}{9} \quad \frac{1}{3} \div \frac{3}{4} \quad \frac{6}{10} \quad \frac{6}{8} \div \frac{5}{6}$$

$$\frac{2}{5} \qquad \frac{2}{3} \qquad \frac{2}{2} \qquad \frac{1}{2} \qquad \frac{8}{9} \qquad \frac{5}{8} \qquad \frac{1}{8} \qquad \frac{1}{10} \qquad \frac{9}{10}$$

$$\frac{3}{9} \div \frac{5}{6} \quad \frac{9}{2} \quad \frac{1}{2} \div \frac{1}{9} \quad \frac{3}{4} \quad \frac{1}{2} \div \frac{2}{3} \quad \frac{2}{8} \quad \frac{1}{4} \div \frac{2}{5} \quad \frac{4}{3} \quad \frac{2}{3} \div \frac{1}{2}$$

Time: | **54** | Score:

$\frac{3}{4} \div \frac{5}{6}$ $\frac{5}{10}$ $\frac{1}{2} \div \frac{7}{9}$ $\frac{10}{14}$ $\frac{1}{6} \div \frac{1}{3}$ $\frac{1}{2}$ $\frac{1}{5} \div \frac{5}{6}$ $\frac{20}{25}$ $\frac{1}{2} \div \frac{6}{9}$

$\frac{4}{10}$ $\frac{9}{10}$ $\frac{3}{5}$ $\frac{2}{2}$ $\frac{1}{2}$ $\frac{3}{7}$ $\frac{2}{7}$ $\frac{3}{7}$ $\frac{3}{4}$

$\frac{1}{3} \div \frac{6}{7}$ $\frac{5}{5}$ $\frac{4}{5} \div \frac{2}{4}$ $\frac{1}{5}$ $\frac{3}{4} \div \frac{4}{7}$ $\frac{7}{7}$ $\frac{2}{7} \div \frac{1}{4}$ $\frac{1}{3}$ $\frac{1}{4} \div \frac{6}{8}$

$\frac{4}{16}$ $\frac{4}{5}$ $\frac{8}{5}$ $\frac{1}{5}$ $\frac{13}{16}$ $\frac{2}{7}$ $\frac{8}{7}$ $\frac{2}{7}$ $\frac{1}{1}$

$\frac{1}{8} \div \frac{2}{3}$ $\frac{25}{18}$ $\frac{5}{6} \div \frac{3}{5}$ $\frac{5}{18}$ $\frac{4}{6} \div \frac{1}{4}$ $\frac{1}{3}$ 🏁 $\frac{2}{3}$ $\frac{1}{3} \div \frac{1}{3}$

$\frac{3}{16}$ $\frac{14}{16}$ $\frac{1}{18}$ $\frac{1}{27}$ $\frac{3}{3}$ $\frac{2}{3}$ $\frac{2}{9}$ $\frac{5}{9}$ $\frac{16}{9}$

$\frac{1}{4} \div \frac{1}{3}$ $\frac{3}{4}$ $\frac{2}{9} \div \frac{3}{7}$ $\frac{23}{27}$ $\frac{1}{6} \div \frac{1}{3}$ $\frac{7}{9}$ $\frac{2}{6} \div \frac{3}{8}$ $\frac{8}{9}$ $\frac{8}{9} \div \frac{1}{2}$

$\frac{4}{4}$ $\frac{9}{27}$ $\frac{14}{27}$ $\frac{23}{27}$ $\frac{2}{2}$ $\frac{2}{9}$ $\frac{1}{1}$ $\frac{1}{9}$ $\frac{7}{9}$

$\frac{1}{4} \div \frac{6}{8}$ $\frac{1}{5} \div \frac{3}{5}$ $\frac{3}{4}$ $\frac{4}{5}$ $\frac{1}{2} \div \frac{3}{7}$ $\frac{4}{6}$ $\frac{1}{2} \div \frac{2}{4}$ $\frac{1}{3}$ $\frac{1}{2} \div \frac{3}{7}$

$\frac{1}{3}$ $\frac{9}{9}$ $\frac{3}{5}$ $\frac{7}{6}$ $\frac{9}{21}$ $\frac{4}{6}$ $\frac{5}{4}$ $\frac{3}{4}$ $\frac{5}{6}$

$\frac{5}{6} \div \frac{1}{2}$ $\frac{5}{9} \div \frac{2}{9}$ $\frac{4}{8}$ $\frac{4}{9}$ $\frac{1}{6} \div \frac{7}{8}$ $\frac{4}{21}$ $\frac{2}{4} \div \frac{2}{5}$ $\frac{2}{4}$ $\frac{1}{2} \div \frac{2}{4}$

$$\frac{4}{7} \div \frac{3}{9} \qquad \frac{1}{2} \qquad \frac{3}{4} \div \frac{1}{6} \qquad \frac{4}{3} \qquad \frac{2}{3} \div \frac{1}{2} \qquad \frac{3}{8} \qquad \frac{1}{4} \div \frac{4}{6} \qquad \frac{4}{8} \qquad \frac{3}{8} \div \frac{3}{9}$$

$$\frac{4}{7} \qquad \frac{1}{3} \qquad \frac{9}{2} \qquad \frac{2}{6} \qquad \frac{3}{3} \qquad \frac{4}{6} \qquad \frac{11}{15} \qquad \frac{4}{7} \qquad \frac{6}{7}$$

$$\frac{3}{1} \qquad \frac{6}{7} \div \frac{2}{7} \qquad \frac{1}{4} \qquad \frac{1}{2} \div \frac{2}{3} \qquad \frac{3}{4} \qquad \frac{2}{5} \div \frac{6}{7} \qquad \frac{7}{15} \qquad \frac{2}{7} \div \frac{1}{2}$$

$$\frac{2}{3} \qquad \frac{1}{4} \qquad \frac{1}{1} \qquad \frac{1}{4} \qquad \frac{32}{35} \qquad \frac{2}{1} \qquad \frac{6}{15} \qquad \frac{2}{7} \qquad \frac{2}{7}$$

$$\frac{1}{3} \div \frac{1}{4} \qquad \frac{2}{3} \qquad \frac{1}{2} \div \frac{1}{2} \qquad \frac{1}{2} \qquad \frac{6}{7} \div \frac{5}{6} \qquad \frac{17}{35} \qquad \frac{2}{3} \div \frac{3}{9} \qquad \frac{1}{1} \qquad \frac{5}{8} \div \frac{5}{9}$$

$$\frac{4}{6} \qquad \frac{5}{6} \qquad \frac{1}{1} \qquad \frac{2}{7} \qquad \frac{3}{7} \qquad \frac{1}{7} \qquad \frac{1}{2} \qquad \frac{15}{7} \qquad \frac{1}{7}$$

$$\frac{1}{3} \div \frac{2}{5} \qquad \frac{1}{6} \qquad \frac{5}{6} \div \frac{1}{6} \qquad \frac{5}{1} \qquad \frac{2}{7} \div \frac{1}{4} \qquad \frac{8}{7} \qquad \frac{3}{5} \div \frac{3}{5} \qquad \frac{1}{1} \qquad \frac{6}{7} \div \frac{2}{5}$$

$$\frac{7}{16} \qquad \frac{15}{8} \qquad \frac{7}{8} \qquad \frac{8}{8} \qquad \frac{1}{7} \qquad \frac{6}{7} \qquad \frac{2}{3} \qquad \frac{5}{7} \qquad \frac{3}{7}$$

$$\frac{1}{4} \div \frac{4}{5} \qquad \frac{5}{16} \qquad \frac{5}{8} \div \frac{2}{6} \qquad \frac{3}{8} \qquad \frac{1}{2} \div \frac{2}{6} \qquad \frac{1}{2} \qquad \frac{5}{7} \div \frac{6}{8} \qquad \frac{14}{21} \qquad \frac{1}{4} \div \frac{1}{4}$$

$$\frac{4}{9} \qquad \frac{6}{9} \qquad \frac{5}{8} \qquad \frac{2}{8} \qquad \frac{4}{6} \qquad \frac{6}{6} \qquad \frac{6}{6} \qquad \frac{1}{2} \qquad \frac{1}{2}$$

$$\frac{1}{6} \div \frac{3}{8} \qquad \frac{2}{9} \qquad \frac{1}{5} \div \frac{4}{6} \qquad \frac{7}{10} \qquad \frac{5}{9} \div \frac{2}{3} \qquad \frac{5}{6} \qquad \frac{1}{9} \div \frac{2}{3} \qquad \frac{6}{6} \qquad \frac{5}{6} \div \frac{1}{3}$$

Time: Score:

$$\frac{2}{5} \div \frac{1}{7} \quad \frac{4}{5} \quad \text{🏁} \quad \frac{5}{7} \quad \frac{3}{7} \div \frac{3}{8} \quad \frac{2}{10} \quad \frac{4}{8} \div \frac{5}{7} \quad \frac{13}{36} \quad \frac{5}{6} \div \frac{6}{7}$$

$$\frac{5}{5} \quad \frac{4}{5} \quad \frac{5}{7} \quad \frac{1}{3} \quad \frac{1}{3} \quad \frac{1}{3} \quad \frac{21}{35} \quad \frac{2}{5} \quad \frac{3}{5}$$

$$\frac{2}{5} \div \frac{1}{3} \quad \frac{6}{5} \quad \frac{1}{7} \div \frac{1}{5} \quad \frac{1}{2} \quad \frac{5}{6} \div \frac{1}{3} \quad \frac{18}{35} \quad \frac{4}{5} \div \frac{7}{9} \quad \frac{3}{5} \quad \frac{4}{5} \div \frac{2}{6}$$

$$\frac{2}{5} \quad \frac{14}{27} \quad \frac{14}{27} \quad \frac{7}{27} \quad \frac{5}{2} \quad \frac{7}{4} \quad \frac{1}{4} \quad \frac{3}{4} \quad \frac{1}{2}$$

$$\frac{1}{3} \div \frac{5}{6} \quad \frac{8}{27} \quad \frac{5}{9} \div \frac{3}{4} \quad \frac{3}{1} \quad \frac{1}{2} \div \frac{1}{6} \quad \frac{4}{4} \quad \frac{4}{8} \div \frac{2}{7} \quad \frac{3}{4} \quad \frac{3}{6} \div \frac{1}{3}$$

$$\frac{3}{4} \quad \frac{4}{27} \quad \frac{20}{27} \quad \frac{10}{27} \quad \frac{1}{1} \quad \frac{4}{4} \quad \frac{6}{5} \quad \frac{1}{4} \quad \frac{1}{7}$$

$$\frac{1}{2} \div \frac{2}{3} \quad \frac{1}{9} \quad \frac{2}{3} \div \frac{3}{4} \quad \frac{8}{9} \quad \frac{5}{9} \div \frac{1}{4} \quad \frac{2}{5} \quad \frac{3}{5} \div \frac{1}{2} \quad \frac{1}{5} \quad \frac{2}{8} \div \frac{7}{8}$$

$$\frac{4}{9} \quad \frac{2}{10} \quad \frac{2}{9} \quad \frac{9}{9} \quad \frac{20}{9} \quad \frac{7}{9} \quad \frac{5}{8} \quad \frac{1}{8} \quad \frac{7}{10}$$

$$\frac{1}{6} \div \frac{3}{8} \quad \frac{9}{10} \quad \frac{3}{4} \div \frac{5}{6} \quad \frac{3}{2} \quad \frac{1}{2} \div \frac{3}{9} \quad \frac{7}{8} \quad \frac{3}{6} \div \frac{4}{5} \quad \frac{9}{10} \quad \frac{1}{2} \div \frac{5}{9}$$

$$\frac{8}{9} \quad \frac{7}{10} \quad \frac{8}{10} \quad \frac{8}{10} \quad \frac{2}{2} \quad \frac{3}{8} \quad \frac{4}{8} \quad \frac{4}{18} \quad \frac{5}{18}$$

$$\frac{7}{8} \div \frac{2}{3} \quad \frac{1}{5} \quad \frac{2}{3} \div \frac{5}{9} \quad \frac{3}{3} \quad \frac{2}{3} \div \frac{2}{8} \quad \frac{2}{5} \quad \frac{1}{2} \div \frac{5}{6} \quad \frac{2}{18} \quad \frac{2}{9} \div \frac{4}{5}$$

Time:

57

Score:

$\frac{4}{5} \div \frac{1}{5}$	$\frac{3}{3}$	$\frac{1}{7} \div \frac{3}{7}$	$\frac{6}{1}$	$\frac{3}{4} \div \frac{1}{8}$	$\frac{5}{3}$	$\frac{5}{6} \div \frac{1}{2}$	$\frac{3}{3}$	$\frac{1}{8} \div \frac{5}{6}$
$\frac{3}{10}$	$\frac{2}{3}$	$\frac{1}{3}$	$\frac{3}{9}$	$\frac{1}{1}$	$\frac{2}{3}$	$\frac{4}{9}$	$\frac{1}{3}$	$\frac{3}{3}$
$\frac{1}{4} \div \frac{5}{6}$	$\frac{2}{3} \div \frac{4}{6}$	$\frac{1}{2}$	$\frac{2}{9}$	$\frac{4}{9} \div \frac{2}{8}$	$\frac{6}{9}$	$\frac{2}{9} \div \frac{2}{4}$	$\frac{7}{9}$	$\frac{1}{4} \div \frac{6}{8}$
$\frac{5}{10}$	$\frac{3}{7}$	$\frac{4}{3}$	$\frac{6}{7}$	$\frac{4}{5}$	$\frac{4}{7}$	$\frac{9}{7}$	$\frac{3}{7}$	$\frac{1}{3}$
🏁	$\frac{3}{7}$	$\frac{1}{7} \div \frac{1}{5}$	$\frac{5}{7}$	$\frac{4}{5} \div \frac{1}{9}$	$\frac{1}{7}$	$\frac{3}{7} \div \frac{2}{6}$	$\frac{1}{3}$	$\frac{4}{6} \div \frac{1}{2}$
$\frac{16}{15}$	$\frac{6}{7}$	$\frac{1}{7}$	$\frac{4}{7}$	$\frac{36}{5}$	$\frac{5}{7}$	$\frac{3}{7}$	$\frac{4}{1}$	$\frac{1}{4}$
$\frac{4}{5} \div \frac{3}{4}$	$\frac{1}{5} \div \frac{1}{2}$	$\frac{5}{6} \div \frac{1}{2}$	$\frac{1}{6} \div \frac{1}{3}$	$\frac{2}{2}$	$\frac{3}{5} \div \frac{3}{8}$	$\frac{1}{1}$	$\frac{4}{6} \div \frac{1}{6}$	
$\frac{1}{2}$	$\frac{1}{3}$	$\frac{3}{5}$	$\frac{1}{4}$	$\frac{1}{3}$	$\frac{2}{16}$	$\frac{8}{16}$	$\frac{7}{16}$	$\frac{2}{7}$
$\frac{1}{6} \div \frac{2}{6}$	$\frac{4}{3}$	$\frac{2}{4} \div \frac{3}{8}$	$\frac{2}{3}$	$\frac{5}{9} \div \frac{3}{9}$	$\frac{9}{16}$	$\frac{1}{4} \div \frac{4}{7}$	$\frac{13}{16}$	$\frac{1}{3} \div \frac{7}{9}$
$\frac{2}{2}$	$\frac{2}{3}$	$\frac{1}{3}$	$\frac{2}{3}$	$\frac{24}{25}$	$\frac{1}{16}$	$\frac{3}{1}$	$\frac{5}{7}$	$\frac{1}{7}$
$\frac{6}{9} \div \frac{2}{4}$	$\frac{6}{6}$	$\frac{1}{2} \div \frac{3}{7}$	$\frac{23}{25}$	$\frac{1}{5} \div \frac{5}{6}$	$\frac{1}{1}$	$\frac{3}{4} \div \frac{1}{4}$	$\frac{12}{7}$	$\frac{2}{7} \div \frac{1}{6}$

$\frac{1}{2} \div \frac{1}{6}$ $\frac{4}{5}$ $\frac{1}{9} \div \frac{5}{9}$ $\frac{5}{4}$ $\frac{5}{8} \div \frac{1}{2}$ $\frac{16}{15}$ $\frac{4}{5} \div \frac{3}{4}$ $\frac{3}{15}$ $\frac{2}{3} \div \frac{3}{6}$

$\frac{4}{5}$ $\frac{4}{5}$ $\frac{2}{5}$ $\frac{1}{5}$ $\frac{1}{4}$ $\frac{1}{4}$ $\frac{3}{20}$ $\frac{4}{8}$ $\frac{8}{8}$

$\frac{2}{5} \div \frac{2}{6}$ $\frac{5}{5}$ $\frac{7}{8} \div \frac{4}{6}$ $\frac{2}{4}$ $\frac{1}{2} \div \frac{2}{3}$ $\frac{20}{20}$ $\frac{1}{8} \div \frac{5}{6}$ $\frac{7}{8}$ $\frac{3}{6} \div \frac{4}{7}$

$\frac{4}{7}$ $\frac{5}{5}$ $\frac{11}{16}$ $\frac{3}{4}$ $\frac{4}{6}$ $\frac{11}{27}$ $\frac{19}{27}$ $\frac{16}{27}$ $\frac{4}{8}$

$\frac{3}{4} \div \frac{7}{8}$ $\frac{3}{7}$ [flag] $\frac{6}{6}$ $\frac{1}{2} \div \frac{3}{5}$ $\frac{5}{27}$ $\frac{4}{9} \div \frac{3}{4}$ $\frac{13}{27}$ $\frac{3}{4} \div \frac{5}{7}$

$\frac{2}{2}$ $\frac{2}{2}$ $\frac{1}{4}$ $\frac{1}{4}$ $\frac{1}{4}$ $\frac{2}{4}$ $\frac{7}{9}$ $\frac{5}{7}$ $\frac{1}{7}$

$\frac{1}{4} \div \frac{2}{4}$ $\frac{1}{2} \div \frac{1}{5}$ $\frac{1}{5}$ $\frac{1}{1}$ $\frac{1}{4} \div \frac{1}{7}$ $\frac{7}{4}$ $\frac{2}{9} \div \frac{1}{5}$ $\frac{3}{9}$ $\frac{4}{7} \div \frac{4}{5}$

$\frac{32}{49}$ $\frac{1}{3}$ $\frac{1}{3}$ $\frac{14}{15}$ $\frac{3}{4}$ $\frac{3}{4}$ $\frac{10}{9}$ $\frac{7}{7}$ $\frac{4}{3}$

$\frac{4}{7} \div \frac{7}{8}$ $\frac{19}{49}$ $\frac{4}{5} \div \frac{3}{7}$ $\frac{4}{15}$ $\frac{2}{5} \div \frac{4}{8}$ $\frac{7}{7}$ $\frac{3}{7} \div \frac{3}{8}$ $\frac{6}{7}$ $\frac{4}{6} \div \frac{1}{2}$

$\frac{4}{3}$ $\frac{3}{3}$ $\frac{6}{12}$ $\frac{2}{3}$ $\frac{2}{3}$ $\frac{2}{7}$ $\frac{4}{7}$ $\frac{8}{7}$ $\frac{3}{4}$

$\frac{2}{3} \div \frac{1}{2}$ $\frac{1}{3} \div \frac{1}{2}$ $\frac{6}{7}$ $\frac{8}{12}$ $\frac{1}{4} \div \frac{6}{8}$ $\frac{1}{3}$ $\frac{5}{7} \div \frac{2}{8}$ $\frac{4}{4}$ $\frac{3}{5} \div \frac{4}{5}$

$$\frac{3}{4} \div \frac{5}{9} \quad \frac{12}{5} \quad \frac{4}{5} \div \frac{1}{3} \quad \frac{24}{7} \quad \frac{4}{7} \div \frac{1}{6} \quad \frac{6}{7} \quad \frac{1}{3} \div \frac{5}{7} \quad \frac{2}{5} \quad \frac{2}{5} \div \frac{2}{4}$$

$$\frac{27}{20} \quad \frac{1}{3} \quad \frac{2}{5} \quad \frac{4}{15} \quad \frac{4}{3} \quad \frac{2}{15} \quad \frac{4}{9} \quad \frac{5}{14} \quad \frac{2}{5}$$

$$\frac{1}{5} \div \frac{5}{7} \quad \frac{7}{25} \quad \frac{5}{6} \div \frac{8}{9} \quad \frac{6}{16} \quad \frac{1}{3} \div \frac{1}{4} \quad \frac{14}{15} \quad \frac{4}{6} \div \frac{3}{4} \quad \frac{3}{5} \quad \frac{1}{3} \div \frac{4}{9}$$

$$\frac{6}{25} \quad \frac{2}{12} \quad \frac{15}{16} \quad \frac{2}{15} \quad \frac{3}{15} \quad \frac{9}{14} \quad \frac{1}{14} \quad \frac{3}{4} \quad \frac{9}{8}$$

$$\frac{5}{8} \div \frac{2}{8} \quad \frac{2}{7} \quad \frac{1}{5} \div \frac{2}{4} \quad \frac{4}{7} \quad \frac{2}{9} \div \frac{1}{2} \quad \frac{2}{14} \quad \frac{3}{7} \div \frac{6}{9} \quad \frac{1}{8} \quad \frac{3}{4} \div \frac{6}{9}$$

$$\frac{9}{35} \quad \frac{2}{5} \quad \frac{5}{7} \quad \frac{2}{6} \quad \frac{1}{7} \quad \frac{10}{14} \quad \frac{11}{14} \quad \frac{4}{9} \quad \frac{9}{2}$$

$$\frac{4}{7} \div \frac{5}{9} \quad \frac{29}{35} \quad \frac{2}{4} \div \frac{1}{5} \quad \frac{2}{7} \quad \frac{6}{7} \div \frac{1}{2} \quad \frac{5}{12} \quad \frac{1}{3} \div \frac{4}{7} \quad \frac{1}{2} \quad \frac{1}{2} \div \frac{1}{9}$$

$$\frac{23}{35} \quad \frac{36}{35} \quad \frac{3}{9} \quad \frac{1}{9} \quad \frac{2}{3} \quad \frac{12}{25} \quad \frac{15}{25} \quad \frac{5}{4} \quad \frac{17}{20}$$

$$\text{[flag]} \quad \frac{5}{9} \quad \frac{1}{3} \div \frac{3}{5} \quad \frac{3}{9} \quad \frac{5}{9} \div \frac{1}{6} \quad \frac{1}{4} \quad \frac{1}{2} \div \frac{2}{5} \quad \frac{1}{27} \quad \frac{7}{9} \div \frac{3}{4}$$

$$\frac{1}{1} \quad \frac{2}{9} \quad \frac{1}{9} \quad \frac{3}{4} \quad \frac{11}{16} \quad \frac{21}{4} \quad \frac{10}{14} \quad \frac{15}{25} \quad \frac{15}{49}$$

$$\frac{2}{3} \div \frac{2}{3} \quad \frac{1}{3} \quad \frac{6}{9} \div \frac{3}{6} \quad \frac{1}{4} \quad \frac{3}{4} \div \frac{1}{7} \quad \frac{9}{5} \quad \frac{1}{5} \div \frac{1}{9} \quad \frac{48}{49} \quad \frac{6}{7} \div \frac{7}{8}$$

Time: 60   Score:

Puzzle 1	Puzzle 3	Puzzle 5	Puzzle 7	Puzzle 9
$1/3 \div 3/5 = 5/9$	$2/7 \div 7/8 = 16/49$	$1/4 \div 8/9 = 9/32$	$1/4 \div 1/2 = 1/2$	$6/8 \div 1/7 = 21/4$
$3/7 \div 1/2 = 6/7$	$5/6 \div 2/4 = 5/3$	$2/4 \div 3/4 = 2/3$	$4/6 \div 2/4 = 4/3$	$3/4 \div 1/9 = 27/4$
$1/4 \div 1/3 = 3/4$	$3/4 \div 1/7 = 21/4$	$1/4 \div 1/9 = 9/4$	$4/5 \div 1/2 = 8/5$	$6/8 \div 4/6 = 9/8$
$3/5 \div 1/3 = 9/5$	$3/4 \div 2/5 = 15/8$	$4/7 \div 3/7 = 4/3$	$1/7 \div 5/8 = 8/35$	$3/7 \div 2/5 = 15/14$
$4/9 \div 4/7 = 7/9$	$2/3 \div 2/8 = 8/3$	$3/5 \div 1/7 = 21/5$	$5/7 \div 1/3 = 15/7$	$5/6 \div 5/7 = 7/6$
$1/2 \div 2/6 = 3/2$	$4/6 \div 6/7 = 7/9$	$4/6 \div 2/5 = 5/3$	$4/7 \div 3/4 = 16/21$	$2/8 \div 1/3 = 3/4$
$2/9 \div 2/4 = 4/9$	$2/5 \div 2/9 = 9/5$	$2/7 \div 8/9 = 9/28$	$1/5 \div 2/6 = 3/5$	$3/8 \div 5/9 = 27/40$
$5/8 \div 2/6 = 15/8$	$3/7 \div 3/6 = 6/7$	$1/3 \div 6/8 = 4/9$	$3/8 \div 4/7 = 21/32$	$1/2 \div 6/7 = 7/12$
$2/3 \div 4/5 = 5/6$	$1/2 \div 4/7 = 7/8$	$1/6 \div 2/5 = 5/12$	$1/2 \div 1/3 = 3/2$	$2/9 \div 1/2 = 4/9$
$7/9 \div 1/2 = 14/9$	$1/9 \div 8/9 = 1/8$	$1/7 \div 4/5 = 5/28$	$3/5 \div 1/3 = 9/5$	$5/7 \div 4/8 = 10/7$
$3/5 \div 6/7 = 7/10$	$1/6 \div 1/3 = 1/2$	$1/2 \div 5/7 = 7/10$	$2/7 \div 1/3 = 6/7$	$2/3 \div 1/4 = 8/3$
$2/3 \div 2/6 = 2/1$	$5/8 \div 5/9 = 9/8$	$7/8 \div 2/9 = 63/16$	$5/6 \div 3/7 = 35/18$	$1/2 \div 7/8 = 4/7$
$1/6 \div 4/9 = 3/8$	$3/4 \div 2/6 = 9/4$	$3/6 \div 2/3 = 3/4$	$5/7 \div 6/7 = 5/6$	$2/4 \div 4/5 = 5/8$
$2/6 \div 2/3 = 1/2$	$4/5 \div 3/5 = 4/3$	$3/4 \div 1/2 = 3/2$	$3/4 \div 1/4 = 3/1$	$1/6 \div 4/7 = 7/24$
$1/7 \div 1/2 = 2/7$	$4/6 \div 4/6 = 1/1$	$4/6 \div 1/2 = 4/3$	$3/9 \div 3/8 = 8/9$	$1/2 \div 2/6 = 3/2$
$3/7 \div 6/9 = 9/14$	$1/9 \div 2/6 = 1/3$	$5/6 \div 1/3 = 5/2$	$1/8 \div 2/6 = 3/8$	$2/4 \div 1/2 = 1/1$
$4/9 \div 5/6 = 8/15$	$2/7 \div 4/5 = 5/14$	$2/7 \div 1/8 = 16/7$	$4/7 \div 6/9 = 6/7$	$2/8 \div 2/5 = 5/8$

Puzzle 2	Puzzle 4	Puzzle 6	Puzzle 8	Puzzle 10
$7/9 \div 4/8 = 14/9$	$2/3 \div 1/3 = 2/1$	$2/3 \div 3/8 = 16/9$	$2/4 \div 3/7 = 7/6$	$1/2 \div 8/9 = 9/16$
$1/2 \div 5/8 = 4/5$	$2/6 \div 3/4 = 4/9$	$1/2 \div 7/9 = 9/14$	$2/5 \div 2/5 = 1/1$	$3/4 \div 1/4 = 3/1$
$1/2 \div 4/7 = 7/8$	$5/7 \div 1/2 = 10/7$	$3/9 \div 3/8 = 8/9$	$1/3 \div 8/9 = 3/8$	$2/3 \div 1/2 = 4/3$
$3/4 \div 2/4 = 3/2$	$3/6 \div 2/4 = 1/1$	$2/7 \div 4/5 = 5/14$	$1/6 \div 7/9 = 3/14$	$1/3 \div 1/2 = 2/3$
$3/5 \div 2/3 = 9/10$	$2/8 \div 1/2 = 1/2$	$4/8 \div 4/6 = 3/4$	$2/4 \div 3/6 = 1/1$	$2/3 \div 4/6 = 1/1$
$7/8 \div 3/4 = 7/6$	$3/6 \div 2/5 = 5/4$	$6/9 \div 1/5 = 10/3$	$1/2 \div 7/9 = 9/14$	$3/5 \div 1/2 = 6/5$
$2/4 \div 1/3 = 3/2$	$4/5 \div 7/8 = 32/35$	$1/5 \div 5/9 = 9/25$	$1/5 \div 3/5 = 1/3$	$2/3 \div 3/5 = 10/9$
$2/5 \div 3/6 = 4/5$	$5/8 \div 3/5 = 25/24$	$1/2 \div 3/7 = 7/6$	$5/7 \div 1/2 = 10/7$	$5/8 \div 1/3 = 15/8$
$5/7 \div 2/7 = 5/2$	$5/8 \div 2/5 = 25/16$	$5/6 \div 1/2 = 5/3$	$1/9 \div 2/4 = 2/9$	$4/9 \div 3/4 = 16/27$
$1/2 \div 1/3 = 3/2$	$3/5 \div 4/7 = 21/20$	$1/4 \div 1/6 = 3/2$	$1/5 \div 2/7 = 7/10$	$3/4 \div 1/6 = 9/2$
$1/3 \div 4/5 = 5/12$	$1/2 \div 2/7 = 7/4$	$6/9 \div 3/4 = 8/9$	$1/9 \div 6/7 = 7/54$	$4/9 \div 1/2 = 8/9$
$4/7 \div 1/3 = 12/7$	$1/7 \div 1/3 = 3/7$	$5/8 \div 1/3 = 15/8$	$1/3 \div 5/7 = 7/15$	$3/4 \div 3/5 = 5/4$
$1/6 \div 1/2 = 1/3$	$5/8 \div 1/2 = 5/4$	$5/8 \div 2/3 = 15/16$	$2/6 \div 1/2 = 2/3$	$3/9 \div 1/4 = 4/3$
$3/7 \div 3/4 = 4/7$	$3/4 \div 4/5 = 15/16$	$6/8 \div 2/3 = 9/8$	$3/5 \div 5/6 = 18/25$	$6/8 \div 5/7 = 21/20$
$2/5 \div 1/7 = 14/5$	$6/7 \div 3/5 = 10/7$	$1/3 \div 1/3 = 1/1$	$1/3 \div 5/9 = 3/5$	$2/9 \div 3/4 = 8/27$
$5/7 \div 6/9 = 15/14$	$4/9 \div 3/5 = 20/27$	$1/3 \div 2/4 = 2/3$	$5/7 \div 1/4 = 20/7$	$3/5 \div 2/6 = 9/5$
$3/7 \div 6/8 = 4/7$	$4/6 \div 2/5 = 5/3$	$3/7 \div 2/5 = 15/14$	$7/9 \div 1/4 = 28/9$	$1/5 \div 3/7 = 7/15$

Puzzle 11

5/6 ÷ 1/5 = 25/6
3/8 ÷ 2/4 = 3/4
6/8 ÷ 2/4 = 3/2
3/4 ÷ 3/7 = 7/4
2/5 ÷ 3/4 = 8/15
4/5 ÷ 1/2 = 8/5
5/8 ÷ 1/7 = 35/8
1/8 ÷ 3/4 = 1/6
1/2 ÷ 4/5 = 5/8
3/6 ÷ 8/9 = 9/16
5/7 ÷ 2/5 = 25/14
4/7 ÷ 5/6 = 24/35
5/9 ÷ 2/6 = 5/3
1/2 ÷ 2/9 = 9/4
2/3 ÷ 1/5 = 10/3
3/8 ÷ 7/9 = 27/56
1/2 ÷ 1/4 = 2/1

Puzzle 12

5/7 ÷ 8/9 = 45/56
5/7 ÷ 3/4 = 20/21
4/7 ÷ 1/2 = 8/7
3/9 ÷ 5/6 = 2/5
2/5 ÷ 1/3 = 6/5
7/8 ÷ 4/7 = 49/32
2/5 ÷ 1/2 = 4/5
5/6 ÷ 5/9 = 3/2
3/9 ÷ 6/7 = 7/18
2/3 ÷ 1/2 = 4/3
1/3 ÷ 8/9 = 3/8
3/7 ÷ 1/3 = 9/7
4/7 ÷ 3/4 = 16/21
1/4 ÷ 1/5 = 5/4
3/7 ÷ 1/6 = 18/7
7/8 ÷ 1/2 = 7/4
7/9 ÷ 1/5 = 35/9

Puzzle 13

4/6 ÷ 2/5 = 5/3
2/4 ÷ 3/8 = 4/3
3/4 ÷ 2/7 = 21/8
2/5 ÷ 2/7 = 7/5
2/8 ÷ 8/9 = 9/32
1/2 ÷ 4/8 = 1/1
2/3 ÷ 1/9 = 6/1
1/2 ÷ 2/6 = 3/2
1/3 ÷ 1/5 = 5/3
1/6 ÷ 3/4 = 2/9
2/7 ÷ 1/4 = 8/7
4/5 ÷ 1/2 = 8/5
2/4 ÷ 1/3 = 3/2
1/5 ÷ 1/2 = 2/5
2/3 ÷ 4/5 = 5/6
3/5 ÷ 2/5 = 3/2
3/6 ÷ 1/5 = 5/2

Puzzle 14

2/8 ÷ 1/3 = 3/4
1/4 ÷ 1/2 = 1/2
1/9 ÷ 5/9 = 1/5
3/5 ÷ 4/6 = 9/10
1/4 ÷ 3/4 = 1/3
2/7 ÷ 2/6 = 6/7
4/8 ÷ 1/9 = 9/2
7/8 ÷ 1/2 = 7/4
1/2 ÷ 4/5 = 5/8
7/9 ÷ 3/6 = 14/9
1/4 ÷ 1/5 = 5/4
3/8 ÷ 1/2 = 3/4
2/8 ÷ 1/2 = 1/2
1/8 ÷ 1/3 = 3/8
1/2 ÷ 3/4 = 2/3
1/2 ÷ 2/8 = 2/1
3/4 ÷ 2/3 = 9/8

Puzzle 15

2/6 ÷ 3/4 = 4/9
3/7 ÷ 2/8 = 12/7
4/5 ÷ 1/5 = 4/1
1/7 ÷ 1/3 = 3/7
2/6 ÷ 7/8 = 8/21
3/4 ÷ 6/9 = 9/8
1/2 ÷ 4/7 = 7/8
5/9 ÷ 8/9 = 5/8
1/5 ÷ 5/8 = 8/25
2/8 ÷ 1/5 = 5/4
1/6 ÷ 1/5 = 5/6
2/5 ÷ 1/2 = 4/5
1/2 ÷ 7/9 = 9/14
1/3 ÷ 1/2 = 2/3
1/2 ÷ 1/3 = 3/2
4/9 ÷ 5/9 = 4/5
1/4 ÷ 4/6 = 3/8

Puzzle 16

1/3 ÷ 2/4 = 2/3
6/9 ÷ 3/8 = 16/9
1/2 ÷ 2/5 = 5/4
6/9 ÷ 1/2 = 4/3
1/5 ÷ 1/2 = 2/5
2/3 ÷ 6/8 = 8/9
1/3 ÷ 3/9 = 1/1
5/9 ÷ 2/3 = 5/6
4/5 ÷ 6/9 = 6/5
5/6 ÷ 3/6 = 5/3
7/8 ÷ 3/6 = 7/4
1/8 ÷ 3/8 = 1/3
1/4 ÷ 4/8 = 1/2
4/9 ÷ 1/2 = 8/9
2/7 ÷ 1/2 = 4/7
1/4 ÷ 2/3 = 3/8
2/3 ÷ 4/8 = 4/3

Puzzle 17

1/2 ÷ 3/4 = 2/3
1/2 ÷ 2/8 = 2/1
2/4 ÷ 4/5 = 5/8
2/9 ÷ 2/4 = 4/9
7/8 ÷ 1/2 = 7/4
2/3 ÷ 1/5 = 10/3
1/3 ÷ 1/2 = 2/3
3/4 ÷ 1/2 = 3/2
1/3 ÷ 2/3 = 1/2
5/6 ÷ 1/3 = 5/2
1/7 ÷ 6/7 = 1/6
3/5 ÷ 1/5 = 3/1
1/2 ÷ 5/6 = 3/5
3/9 ÷ 3/6 = 2/3
8/9 ÷ 1/4 = 32/9
1/2 ÷ 3/5 = 5/6
2/3 ÷ 2/4 = 4/3

Puzzle 18

6/7 ÷ 3/4 = 8/7
5/6 ÷ 2/4 = 5/3
4/7 ÷ 5/9 = 36/35
7/8 ÷ 6/8 = 7/6
2/3 ÷ 2/8 = 8/3
1/4 ÷ 1/3 = 3/4
5/7 ÷ 1/6 = 30/7
2/8 ÷ 6/7 = 7/24
1/8 ÷ 4/6 = 3/16
6/9 ÷ 5/8 = 16/15
2/8 ÷ 2/3 = 3/8
2/7 ÷ 4/5 = 5/14
3/5 ÷ 2/5 = 3/2
5/7 ÷ 1/2 = 10/7
1/3 ÷ 5/6 = 2/5
1/4 ÷ 3/7 = 7/12
1/9 ÷ 2/4 = 2/9

Puzzle 19

1/2 ÷ 5/8 = 4/5
1/2 ÷ 2/3 = 3/4
1/2 ÷ 2/7 = 7/4
1/6 ÷ 5/7 = 7/30
5/9 ÷ 1/8 = 40/9
1/2 ÷ 2/8 = 2/1
4/8 ÷ 6/7 = 7/12
6/9 ÷ 2/5 = 5/3
1/5 ÷ 2/3 = 3/10
2/8 ÷ 3/5 = 5/12
4/5 ÷ 3/4 = 16/15
1/3 ÷ 1/6 = 2/1
3/5 ÷ 1/8 = 24/5
1/2 ÷ 1/4 = 2/1
4/6 ÷ 1/2 = 4/3
3/7 ÷ 6/8 = 4/7
1/9 ÷ 2/3 = 1/6

Puzzle 20

1/3 ÷ 2/3 = 1/2
4/7 ÷ 6/8 = 16/21
1/2 ÷ 5/7 = 7/10
2/6 ÷ 2/4 = 2/3
2/3 ÷ 5/7 = 14/15
1/2 ÷ 7/9 = 9/14
4/8 ÷ 4/9 = 9/8
2/5 ÷ 2/4 = 4/5
2/3 ÷ 1/3 = 2/1
3/4 ÷ 2/7 = 21/8
2/5 ÷ 2/3 = 3/5
1/3 ÷ 1/2 = 2/3
1/5 ÷ 1/2 = 2/5
1/4 ÷ 1/4 = 1/1
4/5 ÷ 1/2 = 8/5
1/2 ÷ 1/2 = 1/1
5/6 ÷ 4/9 = 15/8

Puzzle 21
1/2 ÷ 3/8 = 4/3
2/7 ÷ 2/4 = 4/7
6/9 ÷ 3/4 = 8/9
1/2 ÷ 3/7 = 7/6
1/2 ÷ 1/6 = 3/1
1/6 ÷ 1/3 = 1/2
2/4 ÷ 4/5 = 5/8
1/5 ÷ 8/9 = 9/40
2/9 ÷ 2/4 = 4/9
2/3 ÷ 3/9 = 2/1
1/9 ÷ 3/5 = 5/27
6/9 ÷ 1/2 = 4/3
1/2 ÷ 2/4 = 1/1
4/9 ÷ 1/3 = 4/3
4/5 ÷ 1/5 = 4/1
3/8 ÷ 1/3 = 9/8
3/6 ÷ 5/6 = 3/5

Puzzle 22
1/9 ÷ 1/2 = 2/9
1/4 ÷ 3/5 = 5/12
1/4 ÷ 1/3 = 3/4
3/5 ÷ 3/5 = 1/1
1/5 ÷ 2/3 = 3/10
1/7 ÷ 3/6 = 2/7
1/5 ÷ 1/5 = 1/1
2/9 ÷ 4/5 = 5/18
1/5 ÷ 5/8 = 8/25
1/5 ÷ 1/3 = 3/5
1/2 ÷ 1/5 = 5/2
1/3 ÷ 5/9 = 3/5
7/8 ÷ 1/4 = 7/2
2/6 ÷ 6/8 = 4/9
4/5 ÷ 2/5 = 2/1
2/7 ÷ 5/6 = 12/35
1/4 ÷ 5/6 = 3/10

Puzzle 23
6/7 ÷ 1/2 = 12/7
1/6 ÷ 3/4 = 2/9
1/2 ÷ 1/3 = 3/2
1/9 ÷ 4/5 = 5/36
7/9 ÷ 3/5 = 35/27
4/6 ÷ 7/9 = 6/7
5/6 ÷ 1/2 = 5/3
1/3 ÷ 1/7 = 7/3
4/6 ÷ 3/4 = 8/9
5/7 ÷ 6/7 = 5/6
6/8 ÷ 5/6 = 9/10
2/6 ÷ 6/8 = 4/9
1/9 ÷ 2/7 = 7/18
3/6 ÷ 3/5 = 5/6
2/3 ÷ 2/5 = 5/3
2/3 ÷ 4/7 = 7/6
3/4 ÷ 4/7 = 21/16

Puzzle 24
3/4 ÷ 1/8 = 6/1
7/8 ÷ 3/6 = 7/4
2/4 ÷ 3/8 = 4/3
8/9 ÷ 2/7 = 28/9
1/4 ÷ 1/2 = 1/2
1/8 ÷ 2/3 = 3/16
3/4 ÷ 7/9 = 27/28
2/3 ÷ 1/7 = 14/3
2/9 ÷ 1/4 = 8/9
1/2 ÷ 5/6 = 3/5
1/2 ÷ 3/5 = 5/6
2/8 ÷ 5/7 = 7/20
6/8 ÷ 2/4 = 3/2
2/6 ÷ 3/7 = 7/9
1/2 ÷ 4/7 = 7/8
3/4 ÷ 2/5 = 15/8
3/6 ÷ 2/5 = 5/4

Puzzle 25
6/7 ÷ 4/7 = 3/2
5/6 ÷ 3/6 = 5/3
4/5 ÷ 2/6 = 12/5
3/5 ÷ 1/6 = 18/5
1/3 ÷ 1/2 = 2/3
2/8 ÷ 2/6 = 3/4
2/5 ÷ 7/9 = 18/35
1/8 ÷ 1/2 = 1/4
2/5 ÷ 5/9 = 18/25
4/8 ÷ 1/2 = 1/1
1/3 ÷ 5/6 = 2/5
1/2 ÷ 1/3 = 3/2
2/6 ÷ 1/5 = 5/3
6/7 ÷ 3/4 = 8/7
1/2 ÷ 4/7 = 7/8
2/3 ÷ 3/7 = 14/9
3/4 ÷ 2/3 = 9/8

Puzzle 26
2/3 ÷ 2/9 = 3/1
1/7 ÷ 4/7 = 1/4
1/4 ÷ 4/6 = 3/8
1/4 ÷ 4/8 = 1/2
1/5 ÷ 6/9 = 3/10
1/3 ÷ 2/5 = 5/6
1/7 ÷ 1/6 = 6/7
5/7 ÷ 2/9 = 45/14
3/8 ÷ 7/8 = 3/7
1/8 ÷ 2/8 = 1/2
4/6 ÷ 1/7 = 14/3
1/2 ÷ 1/5 = 5/2
1/4 ÷ 5/7 = 7/20
1/3 ÷ 2/3 = 1/2
1/2 ÷ 4/6 = 3/4
6/7 ÷ 2/6 = 18/7
4/9 ÷ 2/5 = 10/9

Puzzle 27
5/9 ÷ 2/4 = 10/9
2/3 ÷ 5/6 = 4/5
3/4 ÷ 7/8 = 6/7
1/3 ÷ 2/7 = 7/6
2/5 ÷ 5/8 = 16/25
2/6 ÷ 1/7 = 7/3
3/5 ÷ 2/7 = 21/10
4/9 ÷ 2/5 = 10/9
3/4 ÷ 5/7 = 21/20
3/6 ÷ 1/6 = 3/1
6/8 ÷ 1/2 = 3/2
1/2 ÷ 4/6 = 3/4
3/6 ÷ 1/4 = 2/1
1/6 ÷ 3/5 = 5/18
1/7 ÷ 2/3 = 3/14
1/3 ÷ 2/4 = 2/3
2/5 ÷ 6/8 = 8/15

Puzzle 28
5/8 ÷ 1/7 = 35/8
3/5 ÷ 2/4 = 6/5
4/7 ÷ 3/7 = 4/3
5/7 ÷ 3/6 = 10/7
4/5 ÷ 1/3 = 12/5
2/3 ÷ 1/4 = 8/3
4/6 ÷ 4/6 = 1/1
1/8 ÷ 3/4 = 1/6
4/6 ÷ 3/4 = 8/9
3/4 ÷ 3/8 = 2/1
3/8 ÷ 2/4 = 3/4
2/9 ÷ 5/6 = 4/15
1/2 ÷ 1/3 = 3/2
2/9 ÷ 3/5 = 10/27
2/3 ÷ 3/4 = 8/9
1/6 ÷ 5/7 = 7/30
6/7 ÷ 2/3 = 9/7

Puzzle 29
4/8 ÷ 3/7 = 7/6
2/3 ÷ 2/7 = 7/3
4/9 ÷ 1/3 = 4/3
8/9 ÷ 6/7 = 28/27
5/7 ÷ 1/2 = 10/7
7/9 ÷ 3/5 = 35/27
6/7 ÷ 4/5 = 15/14
5/9 ÷ 7/9 = 5/7
4/5 ÷ 3/8 = 32/15
3/7 ÷ 1/4 = 12/7
7/9 ÷ 6/8 = 28/27
7/8 ÷ 2/4 = 7/4
6/9 ÷ 2/8 = 8/3
3/8 ÷ 5/6 = 9/20
1/9 ÷ 3/6 = 2/9
2/3 ÷ 1/3 = 2/1
3/6 ÷ 4/9 = 9/8

Puzzle 30
1/2 ÷ 1/7 = 7/2
2/5 ÷ 1/2 = 4/5
2/5 ÷ 3/4 = 8/15
3/5 ÷ 2/4 = 6/5
3/4 ÷ 4/9 = 27/16
1/5 ÷ 1/2 = 2/5
2/5 ÷ 6/9 = 3/5
4/9 ÷ 2/4 = 8/9
2/5 ÷ 1/4 = 8/5
3/5 ÷ 2/6 = 9/5
1/5 ÷ 6/8 = 4/15
4/8 ÷ 8/9 = 9/16
6/9 ÷ 3/4 = 8/9
2/4 ÷ 3/5 = 5/6
5/8 ÷ 3/6 = 5/4
6/7 ÷ 1/2 = 12/7
7/9 ÷ 8/9 = 7/8

Puzzle 31

$2/3 \div 1/2 = 4/3$
$1/3 \div 2/5 = 5/6$
$3/4 \div 1/6 = 9/2$
$1/5 \div 8/9 = 9/40$
$7/9 \div 4/8 = 14/9$
$2/3 \div 2/4 = 4/3$
$3/4 \div 5/6 = 9/10$
$2/8 \div 6/7 = 7/24$
$1/3 \div 1/2 = 2/3$
$2/8 \div 2/3 = 3/8$
$3/5 \div 2/4 = 6/5$
$1/2 \div 1/8 = 4/1$
$1/8 \div 3/5 = 5/24$
$1/2 \div 1/4 = 2/1$
$1/8 \div 4/9 = 9/32$
$3/9 \div 2/7 = 7/6$
$1/4 \div 1/7 = 7/4$

Puzzle 32

$5/7 \div 5/6 = 6/7$
$1/2 \div 4/5 = 5/8$
$2/6 \div 1/4 = 4/3$
$1/8 \div 5/6 = 3/20$
$1/8 \div 6/7 = 7/48$
$1/4 \div 2/8 = 1/1$
$5/6 \div 4/8 = 5/3$
$4/8 \div 1/8 = 4/1$
$3/4 \div 4/6 = 9/8$
$1/6 \div 3/8 = 4/9$
$6/9 \div 7/8 = 16/21$
$5/8 \div 1/2 = 5/4$
$1/7 \div 5/9 = 9/35$
$6/9 \div 2/3 = 1/1$
$2/5 \div 1/6 = 12/5$
$1/4 \div 1/7 = 7/4$
$1/2 \div 1/6 = 3/1$

Puzzle 33

$3/4 \div 6/9 = 9/8$
$5/7 \div 1/5 = 25/7$
$2/7 \div 3/4 = 8/21$
$2/9 \div 4/7 = 7/18$
$4/9 \div 1/5 = 20/9$
$6/8 \div 3/5 = 5/4$
$1/2 \div 2/9 = 9/4$
$6/9 \div 3/4 = 8/9$
$4/9 \div 3/8 = 32/27$
$8/9 \div 4/5 = 10/9$
$2/3 \div 1/4 = 8/3$
$6/9 \div 7/8 = 16/21$
$2/3 \div 3/6 = 4/3$
$1/3 \div 3/6 = 2/3$
$2/5 \div 7/8 = 16/35$
$1/8 \div 6/8 = 1/6$
$3/8 \div 5/6 = 9/20$

Puzzle 34

$3/6 \div 4/5 = 5/8$
$3/7 \div 1/4 = 12/7$
$4/9 \div 1/3 = 4/3$
$1/3 \div 1/3 = 1/1$
$2/4 \div 3/7 = 7/6$
$1/2 \div 5/7 = 7/10$
$7/9 \div 1/2 = 14/9$
$2/6 \div 5/8 = 8/15$
$1/6 \div 3/4 = 2/9$
$2/3 \div 2/9 = 3/1$
$6/8 \div 1/3 = 9/4$
$3/6 \div 6/7 = 7/12$
$6/9 \div 3/6 = 4/3$
$3/7 \div 2/9 = 27/14$
$4/5 \div 1/2 = 8/5$
$3/6 \div 1/4 = 2/1$
$1/3 \div 1/7 = 7/3$

Puzzle 35

$1/6 \div 1/5 = 5/6$
$4/5 \div 1/2 = 8/5$
$4/7 \div 6/8 = 16/21$
$5/7 \div 3/6 = 10/7$
$8/9 \div 1/2 = 16/9$
$1/3 \div 1/6 = 2/1$
$6/9 \div 1/2 = 4/3$
$1/2 \div 2/9 = 9/4$
$5/6 \div 1/5 = 25/6$
$3/6 \div 2/3 = 3/4$
$7/8 \div 5/7 = 49/40$
$4/7 \div 5/8 = 32/35$
$4/8 \div 3/8 = 4/3$
$5/8 \div 6/8 = 5/6$
$3/4 \div 2/4 = 3/2$
$5/9 \div 1/3 = 5/3$
$4/6 \div 4/5 = 5/6$

Puzzle 36

$8/9 \div 1/2 = 16/9$
$3/5 \div 1/7 = 21/5$
$5/6 \div 6/8 = 10/9$
$2/7 \div 6/8 = 8/21$
$2/6 \div 1/3 = 1/1$
$4/5 \div 3/7 = 28/15$
$5/6 \div 1/6 = 5/1$
$4/6 \div 1/2 = 4/3$
$1/2 \div 6/8 = 2/3$
$4/5 \div 5/7 = 28/25$
$5/6 \div 3/4 = 10/9$
$6/7 \div 1/2 = 12/7$
$2/7 \div 1/8 = 16/7$
$1/2 \div 2/4 = 1/1$
$4/5 \div 1/4 = 16/5$
$3/7 \div 3/4 = 4/7$
$7/8 \div 2/9 = 63/16$

Puzzle 37

$2/8 \div 5/8 = 2/5$
$5/7 \div 1/2 = 10/7$
$1/2 \div 4/5 = 5/8$
$1/4 \div 5/7 = 7/20$
$1/6 \div 1/2 = 1/3$
$5/6 \div 8/9 = 15/16$
$3/7 \div 4/5 = 15/28$
$1/4 \div 3/7 = 7/12$
$3/9 \div 2/4 = 2/3$
$1/5 \div 3/7 = 7/15$
$2/9 \div 2/7 = 7/9$
$1/3 \div 2/5 = 5/6$
$4/7 \div 1/2 = 8/7$
$3/7 \div 5/7 = 3/5$
$1/2 \div 1/2 = 1/1$
$3/4 \div 1/9 = 27/4$
$2/5 \div 1/2 = 4/5$

Puzzle 38

$3/5 \div 1/4 = 12/5$
$4/9 \div 1/4 = 16/9$
$8/9 \div 5/9 = 8/5$
$1/3 \div 1/8 = 8/3$
$2/3 \div 1/3 = 2/1$
$1/9 \div 1/5 = 5/9$
$2/4 \div 1/4 = 2/1$
$3/7 \div 4/7 = 3/4$
$4/6 \div 2/4 = 4/3$
$1/9 \div 4/6 = 1/6$
$1/6 \div 2/7 = 7/12$
$1/2 \div 2/5 = 5/4$
$1/2 \div 7/8 = 4/7$
$2/3 \div 1/6 = 4/1$
$4/7 \div 3/4 = 16/21$
$2/9 \div 1/2 = 4/9$
$2/3 \div 4/5 = 5/6$

Puzzle 39

$1/7 \div 6/8 = 4/21$
$2/3 \div 2/7 = 7/3$
$5/9 \div 3/4 = 20/27$
$6/7 \div 4/5 = 15/14$
$5/9 \div 1/4 = 20/9$
$2/6 \div 2/8 = 4/3$
$2/9 \div 2/3 = 1/3$
$8/9 \div 2/7 = 28/9$
$1/8 \div 2/3 = 3/16$
$3/6 \div 4/6 = 3/4$
$4/8 \div 7/8 = 4/7$
$1/2 \div 1/5 = 5/2$
$4/7 \div 3/6 = 8/7$
$2/5 \div 3/6 = 4/5$
$2/9 \div 2/4 = 4/9$
$3/6 \div 2/7 = 7/4$
$1/2 \div 1/2 = 1/1$

Puzzle 40

$1/5 \div 4/6 = 3/10$
$6/8 \div 1/4 = 3/1$
$1/2 \div 2/9 = 9/4$
$1/2 \div 2/4 = 1/1$
$3/7 \div 3/8 = 8/7$
$1/3 \div 4/5 = 5/12$
$1/4 \div 4/5 = 5/16$
$1/4 \div 1/9 = 9/4$
$2/5 \div 3/4 = 8/15$
$2/4 \div 3/9 = 3/2$
$5/6 \div 4/9 = 15/8$
$2/8 \div 1/9 = 9/4$
$3/8 \div 2/8 = 3/2$
$1/5 \div 1/2 = 2/5$
$2/3 \div 2/6 = 2/1$
$1/5 \div 1/4 = 4/5$
$2/3 \div 3/8 = 16/9$

Puzzle 41	Puzzle 43	Puzzle 45	Puzzle 47	Puzzle 49
4/9 ÷ 4/8 = 8/9	1/4 ÷ 2/4 = 1/2	2/5 ÷ 2/3 = 3/5	2/3 ÷ 1/4 = 8/3	4/9 ÷ 2/3 = 2/3
1/2 ÷ 2/3 = 3/4	1/2 ÷ 5/7 = 7/10	2/5 ÷ 2/7 = 7/5	2/6 ÷ 2/3 = 1/2	2/9 ÷ 3/6 = 4/9
1/5 ÷ 1/2 = 2/5	4/7 ÷ 3/6 = 8/7	4/6 ÷ 5/6 = 4/5	5/9 ÷ 3/6 = 10/9	1/2 ÷ 3/9 = 3/2
5/9 ÷ 3/4 = 20/27	2/7 ÷ 1/5 = 10/7	2/9 ÷ 1/4 = 8/9	4/6 ÷ 3/4 = 8/9	2/5 ÷ 1/2 = 4/5
3/4 ÷ 3/7 = 7/4	3/4 ÷ 1/6 = 9/2	1/2 ÷ 1/3 = 3/2	2/4 ÷ 1/2 = 1/1	3/5 ÷ 5/8 = 24/25
2/5 ÷ 2/9 = 9/5	2/3 ÷ 1/7 = 14/3	3/9 ÷ 3/6 = 2/3	3/9 ÷ 2/3 = 1/2	2/5 ÷ 2/7 = 7/5
1/2 ÷ 2/6 = 3/2	1/2 ÷ 1/3 = 3/2	6/8 ÷ 2/7 = 21/8	5/9 ÷ 1/2 = 10/9	2/5 ÷ 5/7 = 14/25
4/7 ÷ 4/5 = 5/7	4/8 ÷ 7/9 = 9/14	5/7 ÷ 1/3 = 15/7	2/7 ÷ 1/2 = 4/7	1/6 ÷ 1/2 = 1/3
4/6 ÷ 3/6 = 4/3	6/8 ÷ 8/9 = 27/32	4/6 ÷ 3/8 = 16/9	4/6 ÷ 1/6 = 4/1	1/2 ÷ 8/9 = 9/16
5/7 ÷ 3/9 = 15/7	2/3 ÷ 1/2 = 4/3	1/4 ÷ 6/7 = 7/24	3/4 ÷ 1/4 = 3/1	1/3 ÷ 1/4 = 4/3
1/2 ÷ 1/3 = 3/2	2/5 ÷ 1/2 = 4/5	4/6 ÷ 1/3 = 2/1	5/7 ÷ 2/3 = 15/14	1/3 ÷ 2/5 = 5/6
2/8 ÷ 2/5 = 5/8	1/2 ÷ 4/9 = 9/8	1/3 ÷ 2/9 = 3/2	6/9 ÷ 2/7 = 7/3	7/9 ÷ 1/4 = 28/9
2/7 ÷ 2/9 = 9/7	3/5 ÷ 1/8 = 24/5	1/3 ÷ 5/6 = 2/5	4/7 ÷ 2/3 = 6/7	1/2 ÷ 3/4 = 2/3
7/9 ÷ 1/9 = 7/1	1/2 ÷ 5/9 = 9/10	8/9 ÷ 1/4 = 32/9	2/4 ÷ 4/9 = 9/8	8/9 ÷ 1/2 = 16/9
5/6 ÷ 2/6 = 5/2	4/7 ÷ 7/8 = 32/49	3/8 ÷ 1/9 = 27/8	2/3 ÷ 2/3 = 1/1	1/3 ÷ 2/3 = 1/2
1/3 ÷ 6/8 = 4/9	3/4 ÷ 3/5 = 5/4	3/6 ÷ 1/2 = 1/1	2/5 ÷ 5/6 = 12/25	1/3 ÷ 1/2 = 2/3
2/3 ÷ 2/4 = 4/3	1/5 ÷ 2/9 = 9/10	2/9 ÷ 1/6 = 4/3	2/5 ÷ 6/9 = 3/5	1/3 ÷ 1/5 = 5/3

Puzzle 42	Puzzle 44	Puzzle 46	Puzzle 48	Puzzle 50
1/5 ÷ 1/2 = 2/5	3/6 ÷ 1/2 = 1/1	1/4 ÷ 2/3 = 3/8	1/2 ÷ 3/5 = 5/6	1/2 ÷ 2/6 = 3/2
8/9 ÷ 4/6 = 4/3	1/2 ÷ 1/3 = 3/2	1/3 ÷ 2/3 = 1/2	6/8 ÷ 2/3 = 9/8	6/9 ÷ 8/9 = 3/4
2/4 ÷ 4/7 = 7/8	2/4 ÷ 4/5 = 5/8	6/7 ÷ 1/4 = 24/7	5/6 ÷ 1/2 = 5/3	2/3 ÷ 4/9 = 3/2
3/8 ÷ 6/7 = 7/16	6/9 ÷ 1/2 = 4/3	3/4 ÷ 2/5 = 15/8	3/7 ÷ 3/6 = 6/7	1/9 ÷ 6/7 = 7/54
2/4 ÷ 1/5 = 5/2	1/5 ÷ 1/7 = 7/5	1/2 ÷ 1/3 = 3/2	4/6 ÷ 1/5 = 10/3	1/3 ÷ 2/4 = 2/3
7/9 ÷ 1/2 = 14/9	2/3 ÷ 5/8 = 16/15	3/5 ÷ 3/4 = 4/5	1/3 ÷ 2/4 = 2/3	1/6 ÷ 1/8 = 4/3
3/4 ÷ 2/7 = 21/8	3/7 ÷ 7/8 = 24/49	3/9 ÷ 4/7 = 7/12	2/3 ÷ 1/6 = 4/1	5/7 ÷ 7/8 = 40/49
7/9 ÷ 1/7 = 49/9	3/7 ÷ 4/8 = 6/7	3/8 ÷ 5/8 = 3/5	4/7 ÷ 1/4 = 16/7	2/5 ÷ 1/2 = 4/5
1/5 ÷ 3/6 = 2/5	5/6 ÷ 4/6 = 5/4	6/8 ÷ 1/2 = 3/2	3/9 ÷ 3/4 = 4/9	1/4 ÷ 2/3 = 3/8
7/8 ÷ 2/7 = 49/16	1/2 ÷ 3/4 = 2/3	1/2 ÷ 4/9 = 9/8	2/4 ÷ 5/9 = 9/10	5/7 ÷ 1/2 = 10/7
6/7 ÷ 2/4 = 12/7	1/5 ÷ 1/2 = 2/5	3/4 ÷ 3/8 = 2/1	1/9 ÷ 4/5 = 5/36	1/2 ÷ 2/7 = 7/4
1/7 ÷ 1/2 = 2/7	1/6 ÷ 1/3 = 1/2	2/7 ÷ 1/2 = 4/7	5/6 ÷ 3/6 = 5/3	1/4 ÷ 4/7 = 7/16
3/7 ÷ 1/6 = 18/7	2/7 ÷ 6/7 = 1/3	1/2 ÷ 1/2 = 1/1	1/3 ÷ 3/8 = 8/9	4/9 ÷ 6/8 = 16/27
3/5 ÷ 5/7 = 21/25	3/7 ÷ 3/8 = 8/7	3/6 ÷ 5/7 = 7/10	5/6 ÷ 3/7 = 35/18	1/2 ÷ 3/7 = 7/6
5/9 ÷ 2/4 = 10/9	1/2 ÷ 1/6 = 3/1	4/6 ÷ 1/2 = 4/3	2/9 ÷ 2/4 = 4/9	3/5 ÷ 1/2 = 6/5
2/5 ÷ 1/8 = 16/5	1/2 ÷ 2/8 = 2/1	1/4 ÷ 1/2 = 1/2	6/8 ÷ 4/5 = 15/16	7/8 ÷ 5/6 = 21/20
5/7 ÷ 4/8 = 10/7	2/4 ÷ 1/3 = 3/2	4/9 ÷ 2/7 = 14/9	2/7 ÷ 1/2 = 4/7	1/5 ÷ 4/8 = 2/5

Puzzle 51

6/9 ÷ 1/3 = 2/1
2/7 ÷ 2/4 = 4/7
1/2 ÷ 6/8 = 2/3
1/4 ÷ 3/7 = 7/12
2/3 ÷ 1/7 = 14/3
2/5 ÷ 1/9 = 18/5
4/9 ÷ 1/4 = 16/9
3/5 ÷ 1/7 = 21/5
3/9 ÷ 3/4 = 4/9
1/2 ÷ 3/4 = 2/3
2/5 ÷ 1/2 = 4/5
1/3 ÷ 1/2 = 2/3
1/9 ÷ 5/6 = 2/15
3/5 ÷ 1/4 = 12/5
4/5 ÷ 2/5 = 2/1
2/8 ÷ 3/9 = 3/4
6/7 ÷ 2/4 = 12/7

Puzzle 52

2/5 ÷ 1/3 = 6/5
3/5 ÷ 4/7 = 21/20
1/2 ÷ 8/9 = 9/16
5/7 ÷ 4/5 = 25/28
1/3 ÷ 5/8 = 8/15
1/7 ÷ 1/5 = 5/7
1/2 ÷ 2/8 = 2/1
5/9 ÷ 2/3 = 5/6
5/7 ÷ 1/4 = 20/7
2/4 ÷ 2/5 = 5/4
2/5 ÷ 3/6 = 4/5
5/8 ÷ 1/4 = 5/2
2/6 ÷ 3/4 = 4/9
1/5 ÷ 2/7 = 7/10
2/5 ÷ 7/9 = 18/35
3/5 ÷ 7/9 = 27/35
5/6 ÷ 4/8 = 5/3

Puzzle 53

2/8 ÷ 2/3 = 3/8
2/4 ÷ 4/5 = 5/8
1/4 ÷ 3/5 = 5/12
5/7 ÷ 3/5 = 25/21
1/4 ÷ 3/9 = 3/4
3/4 ÷ 5/7 = 21/20
1/7 ÷ 2/4 = 2/7
1/9 ÷ 4/9 = 1/4
6/7 ÷ 4/5 = 15/14
5/7 ÷ 3/4 = 20/21
3/4 ÷ 2/3 = 9/8
5/8 ÷ 1/5 = 25/8
3/6 ÷ 2/6 = 3/2
5/6 ÷ 3/5 = 25/18
3/7 ÷ 7/9 = 27/49
1/2 ÷ 6/8 = 2/3
6/7 ÷ 1/3 = 18/7

Puzzle 54

6/7 ÷ 1/2 = 12/7
1/2 ÷ 3/4 = 2/3
2/5 ÷ 8/9 = 9/20
1/2 ÷ 4/5 = 5/8
3/9 ÷ 2/3 = 1/2
1/2 ÷ 1/6 = 3/1
1/7 ÷ 6/8 = 4/21
6/8 ÷ 5/6 = 9/10
2/3 ÷ 1/2 = 4/3
1/4 ÷ 2/5 = 5/8
1/9 ÷ 1/8 = 8/9
1/2 ÷ 2/3 = 3/4
1/2 ÷ 1/9 = 9/2
3/9 ÷ 5/6 = 2/5
2/3 ÷ 1/3 = 2/1
8/9 ÷ 3/5 = 40/27
2/4 ÷ 3/5 = 5/6

Puzzle 55

3/4 ÷ 5/6 = 9/10
4/5 ÷ 2/4 = 8/5
5/6 ÷ 3/5 = 25/18
1/8 ÷ 2/3 = 3/16
1/4 ÷ 1/3 = 3/4
2/9 ÷ 3/7 = 14/27
3/5 ÷ 3/4 = 4/5
1/2 ÷ 3/7 = 7/6
2/9 ÷ 4/8 = 4/9
1/6 ÷ 7/8 = 4/21
2/4 ÷ 2/5 = 5/4
1/2 ÷ 2/4 = 1/1
2/6 ÷ 3/8 = 8/9
8/9 ÷ 1/2 = 16/9
1/3 ÷ 1/3 = 1/1
1/4 ÷ 6/8 = 1/3
2/7 ÷ 1/4 = 8/7

Puzzle 56

1/6 ÷ 3/8 = 4/9
1/4 ÷ 4/5 = 5/16
5/8 ÷ 2/6 = 15/8
1/3 ÷ 2/5 = 5/6
1/2 ÷ 1/2 = 1/1
5/6 ÷ 1/6 = 5/1
2/7 ÷ 1/4 = 8/7
3/5 ÷ 3/5 = 1/1
6/7 ÷ 2/5 = 15/7
2/3 ÷ 3/9 = 2/1
1/2 ÷ 2/3 = 3/4
2/5 ÷ 6/7 = 7/15
2/7 ÷ 1/2 = 4/7
1/4 ÷ 4/6 = 3/8
2/3 ÷ 1/2 = 4/3
3/4 ÷ 1/6 = 9/2
6/7 ÷ 2/7 = 3/1

Puzzle 57

2/9 ÷ 4/5 = 5/18
1/2 ÷ 5/9 = 9/10
3/6 ÷ 4/5 = 5/8
3/5 ÷ 1/2 = 6/5
4/8 ÷ 2/7 = 7/4
5/6 ÷ 1/3 = 5/2
1/2 ÷ 1/6 = 3/1
5/9 ÷ 3/4 = 20/27
2/3 ÷ 3/4 = 8/9
5/9 ÷ 1/4 = 20/9
1/2 ÷ 3/9 = 3/2
3/4 ÷ 5/6 = 9/10
1/6 ÷ 3/8 = 4/9
1/2 ÷ 2/3 = 3/4
1/3 ÷ 5/6 = 2/5
2/5 ÷ 1/3 = 6/5
1/7 ÷ 1/5 = 5/7

Puzzle 58

2/7 ÷ 1/6 = 12/7
3/4 ÷ 1/4 = 3/1
1/4 ÷ 4/7 = 7/16
4/6 ÷ 1/6 = 4/1
3/7 ÷ 2/6 = 9/7
2/9 ÷ 2/4 = 4/9
5/6 ÷ 1/2 = 5/3
3/4 ÷ 1/8 = 6/1
1/7 ÷ 3/7 = 1/3
4/6 ÷ 1/2 = 4/3
1/7 ÷ 1/5 = 5/7
4/5 ÷ 1/9 = 36/5
1/6 ÷ 1/3 = 1/2
1/2 ÷ 5/6 = 3/5
2/4 ÷ 3/8 = 4/3
1/6 ÷ 2/6 = 1/2
4/5 ÷ 3/4 = 16/15

Puzzle 59

2/3 ÷ 1/2 = 4/3
4/7 ÷ 7/8 = 32/49
1/4 ÷ 2/4 = 1/2
1/5 ÷ 1/5 = 1/1
1/4 ÷ 1/7 = 7/4
2/9 ÷ 1/5 = 10/9
3/7 ÷ 3/8 = 8/7
3/5 ÷ 4/5 = 3/4
4/6 ÷ 1/2 = 4/3
4/7 ÷ 4/5 = 5/7
4/9 ÷ 3/4 = 16/27
3/6 ÷ 4/7 = 7/8
1/8 ÷ 5/6 = 3/20
4/5 ÷ 3/4 = 16/15
5/8 ÷ 1/2 = 5/4
1/9 ÷ 5/9 = 1/5
1/2 ÷ 2/3 = 3/4

Puzzle 60

6/7 ÷ 7/8 = 48/49
1/5 ÷ 1/9 = 9/5
3/4 ÷ 1/7 = 21/4
1/2 ÷ 2/5 = 5/4
1/2 ÷ 1/9 = 9/2
3/4 ÷ 6/9 = 9/8
1/3 ÷ 4/9 = 3/4
3/7 ÷ 6/9 = 9/14
1/3 ÷ 1/4 = 4/3
4/7 ÷ 1/6 = 24/7
4/5 ÷ 1/3 = 12/5
3/4 ÷ 5/9 = 27/20
1/5 ÷ 5/7 = 7/25
5/6 ÷ 8/9 = 15/16
1/5 ÷ 2/4 = 2/5
4/7 ÷ 5/9 = 36/35
1/3 ÷ 3/5 = 5/9

Made in the USA
Las Vegas, NV
27 January 2025

17040129R00039